PER KIRKEBY

STARENKASTEN

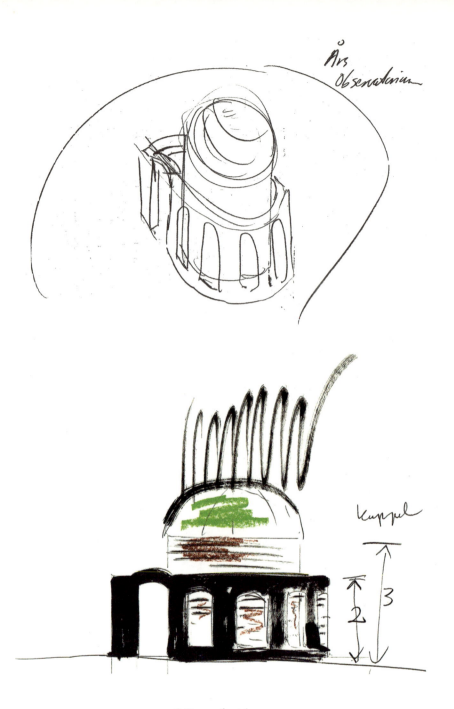

*2 Entwurfszeichnungen
für eine Skulptur am Vesthimmerlands Gymnasium in Aars, 1990*

PER KIRKEBY

DER STARENKASTEN

Gedanken und Exkurse

*Aus dem Dänischen
von Johannes F. Sohlman*

Verlag Gachnang & Springer
Bern – Berlin
1998

Inhalt

Stærekassen – Der Starenkasten 7
   Der Starenkasten (nochmals) 9
   Häuser 16

Figuren 19
   Poussin 21
   Modellstudien 25
   Lundbyes Schuld 29
   Lundström im Süden 34
   Jörgensens Spinngewebe 38
   Jorn – zur äusserlichen Anwendung 41
   Fragezeichen zu John Hunov 48
   Schwitters am Ende – ein Maler in England 54

Glossar 61
   Einleitung 63
   Das goldene Zeitalter – Köbke 66
   Rede am Vesthimmerlands Gymnasium in Aars,
   anlässlich der Einweihung einer von acht Skulpturen, 24.11.92 69
   Rede im Kunstindustrie-Museum in Kopenhagen,
   anlässlich der Verleihung des grossen Preises der dänischen Akademie
   an Peter Laugesen, 27.11.92 79
   Leseabend – Statement in der «Ny Carlsberg Glyptotek», 20.11.93 .. 88

    Rede am «Kunstforeningen» in Kopenhagen,
    anlässlich der Verleihung des Arthur Köpcke-Preises, 26.11.93 91
    Rede im Kunstindustrie-Museum in Kopenhagen,
    anlässlich der Überreichung des Kjeld Abell-Preises
    an Lars von Trier und Niels Vörsel, 26.11.93 94
    Grönland – Rede im Aarhuser Kunstmuseum zur Eröffnung
    der Ausstellung «Aron/Kirkeby – Grönlandbilder», 27.11.93 98
    Rede beim aussenpolitischen und marktwirtschaftlichen Ausschuss
    in Kopenhagen, anlässlich der Einweihung der «Ausstattung»
    des Sitzungssaals, 7.12.93 103
    Rede im Nationalmuseum in Kopenhagen,
    anlässlich der Verleihung des grossen Preises der dänischen Akademie
    an Ib Michael, 1.12.94 107
    Vorlesung im Schloss 115

Backsteine 119
    Der Bahnhof von Humlebæk 121
    Nakskov 127
    Krems 130
    Lieber Jan Hoet 133
    L'espace Schuman 137
    «Gruvtorget» – Der Marktplatz in Höganäs 144
    Sofa 146

Fisters Kolumne 147

Biografie 171
    Das Nordische! 173
    Es tropft 178
    Aleta 180
    Die Expeditionen 181
    «Fram» und Andreas Urteil 185
    Was soll man eigentlich mit Künstlern auf Film? 191
    Positionsbestimmungen? 197

Namen und Anmerkungen 208

Stærekassen – Der Starenkasten

Der Starenkasten (nochmals)

Es kommt vor, dass Bauwerke als Kunstwerke gelten können. Normalerweise zählen wir Bauwerke zur Architektur. Sie können gute oder schlechte Architektur sein, nie aber gibt es Architektur ohne einen Architekten. Unser Urteil über die architektonische Qualität hängt von verschiedenen Vorstellungen von Funktionalität ab, aber auch von rein ästhetischen Grössen. Wenn ich die Behauptung aufstelle, einige dieser Werke seien anders, und wir würden sie zu Recht als Kunstwerke bezeichnen, dann gibt es nichts höheres, besseres, schöneres als Architektur. Grosse Architektur ist gross genug, in seltenen Fällen aber ist noch etwas anderes im Spiel. Etwas, das so selten vorkommt, dass es schwer zu erkennen ist, sogar wenn man direkt davor steht. Vielleicht ist es ein wenig wie mit Briefmarken: Hervorragende Briefmarken sind kleine Meisterwerke, aber Fehldrucke sind selten.

Diese Unterscheidung ist wichtig, um zu erklären, warum manche Bauwerke es so schwer haben. Man übersieht sie, vergisst sie so schnell wie möglich, die Abrisskugel knallt gegen die Wand, bevor jemand überhaupt wahrnehmen kann, was auf dem Spiel steht.

Wenn wir zurückblicken, sehen wir, dass alles von einem bestimmten Zeitgeist ausgeht. Ein Barockmaler ist ein Barockmaler, ob er nun hervorragend ist, oder durchschnittlich oder rein handwerklich arbeitet. Es gibt die schrägen, die Outsider, die sich querlegen; aber alle nimmt man im Verhältnis zu einem gemeinsamen «Zeitgeist» wahr.

Bei der Architektur ist es noch deutlicher. Sie hat eine lemmingwandernde Einheitlichkeit. Das nennen wir Stil. Mit ein wenig Schulung weiss man immer, aus welcher Zeit ein Gebäude stammt. Aus unserem eigenen architektonischen Alltag wissen wir, wie schnell die gleichen modegeprägten Charakteristika sich ausbreiten, von den grössten Gebäuden bis hin zum abgelegensten Supermarkt.

Innerhalb dieser gegebenen Charakteristika kann man ohne weiteres räumliche Visionen betreiben, aber dennoch entziehen sich die radikalsten Dinge irgendwie immer dem Stil ihrer Zeit. Und werden dann im grossen und ganzen als stillos aufgefasst, oft wegen einer paradoxen aber unzeitgemässen Anwendung eben dieses übertriebenen Stils. Wie die Grundtvig-Kirche, die ja Ausmasse hat, mit denen man sich in Dänemark nie zurechtgefunden hat. Manche hätten sie schon vor Jahren am liebsten als ein gigantisches, anachronistisches Missverständnis abgerissen.

Andere Beispiele sind die Werke von Ledoux und Boullée. Auch sie fallen aus dem Rahmen des für diese Zeit festgelegten Stils. Sie sind stillos. Und wurden erst wiederentdeckt und geschätzt, als man sie mit Etiketten versehen und «Revolutionsarchitektur» nennen konnte. Les Salines hat sicher nur überlebt, weil es so abseits liegt.

Der «Starenkasten» gehört wohl auch zu einem bestimmten Stil, man sagt, es sei eines der wenigen Beispiele des Art Déco in diesem Land. Wäre das die ganze Wahrheit, wären die Probleme sehr viel kleiner. Es ist viel einfacher, ein rein stilbestimmtes Bauwerk schützen zu lassen, auch schon bevor dies gesetzlich bestimmt war. Schon immer fiel es leichter, etwas als gutes Beispiel für den einen oder den anderen Stil zu erkennen, als etwas, das nach nichts richtig aussieht. Ein gutes Beispiel für Klassizismus ist einfacher zu verstehen als harte «Revolutionsarchitektur». Das letztere weckt eher Widerwillen. Und wäre der «Starenkasten» richtig elegantes Pariser Art Déco, Mode und Stil bis zu den Fingerspitzen, dann gäbe es gar kein Problem.

Doch der «Starenkasten» ist etwas anderes und lässt sich nicht mit dem Argument der Stilechtheit verkaufen. Da hat die Abrissjunta in der Tat recht. Er ist etwas anderes, etwas viel Unangenehmeres und Unpassenderes: ein Kunstwerk. Das sogenannte Art Déco ist nur eine dünne, notdürftige und von der Zeit bestimmte Haut. Diese Haut ist bei weitem nicht uninteressant, doch im Kern ist das ganze ein einzigartiges räumliches Werk. So etwas weckt natürlich Unbehagen, denn so wirkt Kunst. Zwischen dem Unbehagen und dem sinnlichen Lustgefühl, das ein Kunstwerk hervorruft, herrscht immer ein intimer Zusammenhang. Ein Bild kann abseits an einer Wand hängen und übersehen werden, ein Bauwerk liegt im Weg.

Der «Starenkasten» bewegt sich vom Äusseren zum Inneren. Die Art, wie der Kasten über die Strasse ragt, zeigt einen anderen Dämon als die schöne und liebenswerte Aussenhaut. Im Inneren geht es erst richtig los. Das intrikate, sozusagen gefaltete räumliche Ornament ist wirklich ein Erlebnis. Eine Art Erlebnis, das unsere ganze bisherige Erziehung und Baukultur zunichte zu machen versucht. Angst vor dem Labyrinth und dem Komplizierten. Das heisst, wenn es um Kunst geht, das scheinbar Komplizierte, denn die Paradoxmacherei geht wieder um, und alles, was im guten Sinn echt kompliziert ist, entspringt einer grossen Einfachheit. Das bewusst und gewollt Komplizierte, das heutzutage, in der Hoffnung auf Gemütlichkeit und Nähe, so eifrig gepflegt wird, ist immer sehr leicht zu durchschauen. Was natürlich auch etwas Beruhigendes an sich hat. Das echt Komplizierte hingegen entspringt, wie gesagt, sehr einfachen und direkten Entschlüssen. Kunst ist die Fähigkeit, diesen Entschluss zu fassen. Ein Gemälde, das nur einen Quadratzentimeter aufweist, in welchem kein richtiger Entschluss gefasst wurde, taugt nichts. Die meisten Bauwerke sind in einen Stil hineingewählt, und zu etwas anderem hat man sich nicht entschlossen. Dann hängen hier ein paar Fenster herum, woanders ist ein Lichtspalt oder eine zufällige, stumpfe Wand. Nicht so mit dem «Starenkasten», hier wurden überall Entschlüsse gefasst. Was natürlich das Gefühl vermittelt, dass hier Forderungen gestellt wurden. Man kann das als unangenehm empfinden, es ist aber dem Theater in der Kunst nicht ganz unangemessen.

Den «Starenkasten» muss man als ein einzigartiges Kunstwerk verteidigen, und nicht einfach als eine zeitlich kuriose Kulisse. Und das führt zu einigen Erklärungsproblemen. Wie erklärt man, dass ein Kunstwerk ein Kunstwerk ist? Zumal in einer Gesellschaft, die es im Grunde vorzieht, solche Probleme zu übergehen. Die sich mit Hilfe einer Vorstellung von Kultur am liebsten aller lästiger Kunst entledigen möchte. Genau das ist die Falle, in welche die Verteidigung des Art Déco geraten ist. Es ist zum verzweifeln: Entscheidet man sich aus taktischen Gründen zur Verteidigung von «Kultur», dann verrät man die innere Haltung des Werkes und seine eigentliche Berechtigung.

Vielleicht kann man auch nicht viel mehr tun, als sich in die Brust zu werfen und mit der Autorität, mit der man nun einmal aus irgend einem Grund ausgestattet ist, behaupten, dies sei wirklich etwas Besonderes, auch wenn es sich nicht beweisen lässt. Überzeugung muss die Beweisführung ersetzen.

Oder man wählt eine Beweisführung rein poetischer Natur. Vielleicht können Worte wie «das gefaltete Ornament» zumindest einigen zu einem Erlebnis im zusammengepressten Raumverlauf verhelfen. Vielleicht kann auch die Vorstellung von einer im direkten Sinn anspruchsvollen Architektur manchen ein Gefühl von wirklicher Spannung durch den Druck der niedrigen Decken vermitteln.

Das Grosszügige an vielen der Lösungen des Gebäudes ist ja, dass sie – ursprünglich aus praktischen und äusseren Gründen aufgezwungen – ohne Pardon als Entschlüsse ausgeführt worden sind. Das sehr kleine Grundstück hat zu diesen Einfaltungen gezwungen, aber nicht als Einschränkung, sondern als eine Wahl, die weit über das hinausging, was man «aus der Not eine Tugend machen» nennen könnte. Das tönt nach einem passenden Ausdruck. Wofür? Sich da hineinzubegeben ist noch schwieriger. Für all das Gewöhnliche, Leben und Tod. Eingebunden in eine stark intuitive Gewissheit, kommt der Rest von allein. Sogar die im letzten Moment erhobene Forderung nach einem Ballettprobesaal im Foyer führte zu einer starken und ziemlich aussergewöhnlichen räumlichen Penetration, die als elegante Bar endet. Es ist, als stelle die stillose Grundkraft alles mögliche an und verwandle die notwendigen Eingriffe in Ausdruck.

Das gilt ebenfalls für den innersten Raum des Ornaments, den Theatersaal selbst. Man hat an gewissen Spannungen festgehalten, die sehr präzise sind und in groben Zügen ein räumliches Aufspannen in die anliegenden Räume ermöglicht. Das Ansteigen des Fussbodens ist wie das Ansteigen eines Fussbodens zu sein hat. Da muss man fest stehen.

Man kann überhaupt weder an den Räumen noch am Gebäude insgesamt etwas aussetzen, ohne dass das Ganze sinnlos würde. Wohlgemeinte Vorschläge von sonst sympathisch eingestellten Architekten zeigen lediglich, dass sie nicht begriffen haben, worum es geht. Eine sogenannt leichte und elegante Glasetage über dem Gebäude (im Stil von Nouvel in Lyon) ist ein typischer Vorschlag. Dies gerät zum Versuch, das Gebäude harmlos und geschlechtslos «modern» zu machen, und es ist eine Unterschätzung des kristallinen und kubistischen Aufbaus von Masse, die Holger Jacobsen selbst als eine Bergstadt beschrieb, die sich über die Giebel der Tordenskjoldsgade aufrichtet. Eine Beschreibung, die hervorragend dem Gefühl von symphonischer Begeisterung entspricht, die man im richtigen Augenblick mit einem aufwärts gerichteten Blick vom täglichen Strassenniveau aus erleben kann.

Und die vorgebrachten Forderungen des sogenannten Theaterkonsulenten geraten schliesslich ganz unmöglich. Es scheint, als könne allein der Titel schon für eine besondere Fachkenntnis auf gewissen Gebieten stehen, wo eigentlich von einer existentiellen Wahl gesprochen werden muss. Und diese Titelperson kann Forderungen stellen, als sei von unumgänglichen Naturgesetzen die Rede. Es ist schliesslich durchaus möglich, darüber zu diskutieren, ob man auf eine bestimmte Art zu sitzen habe. Oft kommt es vor, dass man gar nicht sitzt, sondern gesellig auf einem ebenen Fussboden umhergeht. Damit sei nicht gesagt, dass das eine besser sei als das andere, ich will nur andeuten, dass es für was auch immer ein unangemessener Ausgangspunkt ist, mit abstrakten und zutiefst willkürlichen Forderungen im Verhältnis zu einer gegebenen Realität zu operieren. Theatertechnisch gesehen ähnelt der «Starenkasten» einer Unzahl anderer Theater in Europa, an denen täglich Theater gespielt wird. Es gibt natürlich Einschränkungen und Probleme, doch gerade das ermöglicht der grundlegenden Vision, zu einer Form zu finden. Wie auch Holger Jacobsens Kunstwerk durch den engen Raum zu seiner Form verholfen wurde.

Häuser

Nur selten können Gebäude als Kunst bezeichnet werden. Das soll wohl auch gar nicht so sein, denn sie sind Behälter für bestimmte Funktionen, und das ist sicher gut so. Das ist schliesslich das Wesen der Architektur. Sie ist funktional, sagt man. Aber warum haftet an vielen dieser Architekturgebäude so wenig Funktionales und so viel Überflüssiges? Weil es sonst zu eintönig wird, lautet die Antwort; der Mensch lebt auch von den überflüssigen Dingen.

Und das ist richtig, Kunst ist überflüssig. Aber genau hier geraten wir an das Paradoxon: Gerade das Überflüssige besitzt eine eigene Funktionalität. Manchmal nennen wir sie Notwendigkeit. Das Problem besteht darin, dass es für diese Art von Funktionalität keinen äusseren Massstab gibt, etwa so und so viele Quadratmeter Küchenfläche, Toiletten usw. Und das verleitet offensichtlich die meisten Architekten zu der Überzeugung, völlig frei bestimmen zu können. Von da stammt auch die total unverbindliche Geschwätzigkeit, in welche die meisten Gebäude eingepackt sind, und die auf die elementare Funktionalität zurückwirkt und sie zum Entgleisen bringt. In den Museumssälen kann man keine Bilder mehr aufhängen, in den Wohnungen nicht mehr wohnen.

Denn natürlich ist es unmöglich, zwischen diesen beiden Arten von Funktionalität zu unterscheiden: einerseits die handfeste, aufgabenbestimmte, und andrerseits die von der Notwendigkeit bestimmte formmässige. Genau so wenig, wie wenn aus der reinen äusseren Funktionalität sozusagen automatisch eine bestimmte Form resultierte. Aber ist es verblüffend, wie korrumpierend der unverbindliche Umgang mit der sogenannten Form sich auf die handfeste Funktionalität auswirkt. Wie wenig über elementare Dinge nachgedacht wird; wie ist es, hier zu leben, – etwas, was mich an Balkonen immer gestört hat – wann herrschen die besten Lichtverhältnisse, funktioniert das Badezimmer – solche Dinge werden fast nie ernsthaft untersucht. Die grössere Funktionalität entsteht immer hier, nicht als folgerichtige Form, sondern als Haltung. Es ist überhaupt erstaunlich, wie häufig Architekten dies übersehen, obwohl sie doch so sehr auf formale Einfälle bedacht sind. Und Kritik wird immer damit abgewiesen, dass nicht von reiner Form, sondern von Funktion die Rede sei. Die Fähigkeit, das Gewicht vom einen Bein auf das andere verlagern zu können und der Kritik auszuweichen. Vielleicht weil die Architekten ein Bild zu verkaufen suchen, das opportun ist, das nicht Anstoss erregen und höchstens das Modebewusstsein der Kunden etwas reizen darf. So ist es immer gewesen, und deshalb sind so wenige Bauten auch Kunst.

Der Grund für die Wichtigkeit, die grundlegenden Funktionen eines Gebäudes durchzudenken, liegt natürlich darin, dass Einfachheit direkt der Klarheit entspringt. Und aus dem Simplen und Direkten folgt paradoxerweise das Komplizierte, das ein Gefühl von überquellendem Reichtum vermittelt. Das kompliziert Gedachte lässt sich immer ganz einfach durchschauen. Das Einfache ist die Voraussetzung des grossen Ornaments.

Das grosse Ornament ist der Kunstgriff, an dem nichts Überflüssiges haftet. Das Gewöhnliche, das gleichzeitig das Mystische ist. Das schwierig zu Begreifende ist der Lauf des Lebens. Zierat versucht zu vergessen. Es bedarf nicht mehr als das gerade Notwendige und das, was als notwendig erachtet wird. Damit ist nichts gesagt. Es lässt sich nur machen.

Ich würde gerne Häuser bauen, Gebäude mit normalen Funktionen, mit Klo und Spülstein, Licht und Luft. Das Problem sind nicht die Komplikationen, sondern es ist die schwierige Kunst, nichts zu vergessen, und so einfach wie möglich zu bauen. Einfachheit ist der Ursprung aller Grösse und allen Tiefsinns. Auch in der Architektur.

Figuren

Poussin

I

Der Raum. Das Festmachen in den grossen Bewegungen.

Der europäische Raum besitzt eine Oberfläche. Diese Oberfläche befindet sich fast immer innerhalb eines rechteckigen Formats, ab und zu ist es ein Quadrat. Wir haben also mit einem Format zu tun, das durch rechte Winkel abgegrenzt ist und in dem die quadratische Struktur in einer Untereinteilung verborgen ist. Die abendländische Kunst hat sich nie von dieser Quadratform lösen können. Alle neueren Ikonoklasmus-Streitigkeiten lassen sich in Wirklichkeit aus diesem Umstand ableiten. In einem gewissen Sinn ist der Minimalismus die fundamentalistische Version der quadratischen Einsicht. Der erste gnadenlose Entlarver des quadratischen Verhältnisses, Mondrian, arbeitete daher auch mit einem Ausgangspunkt in der kalvinistischen Moral und der pietistischen Religion.

Wir können aber noch weiter zurückgehen. Die spätbarocke Malerei, die überschäumende Oberfläche bei einem Tiepolo z.B. Hier wogt die Oberfläche auf und ab, und Sinuskurven schlängeln hin und her. Die Oberfläche ist wirklich eine Oberfläche, wie der

Meeresspiegel. Es gibt etwas darunter und Licht darüber. Und wie Wellen, die sich von mehreren Punkten her ausbreiten und aufeinander treffen, überstürzen sich die rauhen Wogen in einem Spiel aus Licht und Schatten. Wie ein gewebtes Quadratnetz, das auf und ab bewegt wird. Das ist der spätbarocke Raum. Der später im impressionistischen Raum seine Wiederholung findet.

Solcherart gewaltige und potente Mischungen entwickeln sich, es qualmt und kocht, und plötzlich finden Kristallisationen statt. Der Spätbarock kristallisiert die «Strengen» heraus, Abildgaard, Füssli, David, die Nazarener usw. Die Impressionismus-Mischung scheidet den Kubismus aus. Und jedesmal spuken unheilvolle Erinnerungen an die Existenz des Quadratnetzes.

Cézanne ist, bevor er sich richtig durchsetzt, eine Figur, die sich mitten im Bruch befindet, in der Kristallisation. Dasselbe gilt für Poussin. Und beide haben, vielleicht mit einer gewissen Ambivalenz, eine Einsicht in die ewige Wiederholung dieser Mechanismen. Indem sie nicht nur etwas Richtiges und Besseres wahrnehmen in dem, was kommt, sondern auch von einer grösseren Redlichkeit träumen.

II

Die Landschaft kristallisiert. Sie verkörpert eine von Innen kommende Ruhe, die sich nicht einmal von den schlimmsten Ereignissen stören lässt.

Auf Bildern wie «Landschaft mit dem heiligen Matthäus und dem Engel» und dem «Heiligen Johannes auf Pathmos» ist das klar erkennbar. Die Tiefe und die Ruhe, und der reine Kubismus der demontierten Säulenstücke und Steine, wurden wie eine überdeutliche Ausgabe einiger direkteren Äusserungen Cézannes für den Bildaufbau benutzt. Darauf jedoch baut meine «kristalline» Vorstellung nicht auf, sondern eher auf dem unbeirrbaren Charakter der Farbe. Die Bauelemente lassen sich immer zurechtrücken, allerdings nur innerhalb des von den Farben definierten Raumes.

Das Bild bleibt kristallin, auch wenn das Unwetter darüber hinwegfegt. Die Umwälzung ist eingetroffen, in der Tiefe herrscht vorläufig Ruhe. Ein Mann wird von einer Schlange angegriffen, er stirbt voller Schmerzen, das geht die Welt nichts an. Alles atmet Ruhe. Wie furchtbar.

III

Der tiefe Kristallisationsprozess in den Bildern Poussins zeigt sich, wie gesagt, vor allem in der Farbe. Und das in einem Ausmass, dass die scheinbar so stabilen Formen erst durch deren Mobilität möglicherweise unruhig werden. Farbe ist stärker als Form. Oder Form und Farbe der Sprache haben nicht viel mit den Begriffspaaren zu tun, die es auf ähnliche Art in der Malerei geben mag.

In den grossen Figurenbildern – «Elieser und Rebecca» und «Der Tod Saphiras» – wird das Kristalline voll entfaltet. Jedoch nicht als eine Reihe aufgereihter Kristallformen, sondern in den unvergleichlich klaren Farben. Das klingende Rot, das leuchtende Blau, das tiefe Grün. Die Farben haben die Funktion der Formen übernommen. Wie es so oft in der grossen Malkunst der Fall ist und ebenso selten in der Sprache über die Bilder erkannt wird.

IV

Die Natur gewinnt alles zurück. Man sagt, «versteinert im Schmerz». Die stehende Figur in der «Grablegung Christi» ist in einen Kristall verwandelt. Das Blau ist stofflose Klarheit und Transparenz. Die zweite stehende Figur ist der Schattenkristall.

In der unteren Hälfte strömt aus dem Wassertrog auf einem wogenden Band die grünliche Leiche, aus dem Rot herausgewaschen, ein Delta aus dem niederen Kristall, das hellrote Echo im Tor zum Grab.

Es ist ein Bild, in dem die Kategorien aufgehört haben. Weder Figur noch Landschaft. Es ist ein Bild. Das durch das Artifizielle selbstverständlich geworden ist. Natur.

Modellstudien

Die Glyptothek in Kopenhagen ist eine wunderbare Sammlung. Es gibt zahlreiche Exponate, und nichts ist zuviel. Die Gruppierungen sind ansprechend und fördern die Überschaubarkeit, ohne dass dabei ein Gefühl von Reichtum verloren ginge. Es hat auch reichlich Werke, die wirklich etwas bedeuten, so dass man immer ein Ziel hat; und da die echte Konzentration auf Kunst pro Besuch höchstens für ein paar Werke ausreicht, ist es wunderbar einladend und befriedigend, nur umher zu flanieren. Und der Genuss ist ausgiebig, weil die grossen Werke mit in die reinen Studiensammlungen integriert sind.

Es gibt eine Reihe von Werken, die im Lauf der Jahre für mich eine echte Bedeutung erhalten haben. Über einige habe ich geschrieben. Als ich daher für einen bestimmten Anlass ein paar auswählen sollte, habe ich mich fürs Flanieren entschlossen. Während man flaniert, wird das Auge von dem einen oder anderen eingefangen. Man geht nicht länger zielbewusst, man muss nicht untersuchen oder bestätigen, der Blick und die Assoziationen sind freigesetzt. Man sieht plötzlich Dinge, die man normalerweise bei ernsthafter Gesinnung nicht wahrnehmen würde. Und deshalb ist es ein Privileg, zu Museen freien Zugang zu haben.

Was einen dann gefangen nimmt, sind «Kuriositäten», aufblitzende Andeutungen, Lichteinfälle, Anekdoten, sexuelle Erregung. Ich flanierte und hoffte, auf etwas zu stossen, das niemand anders wählen würde. Und die Umstände waren günstig zum Flanieren, ich musste kein Büchlein dazu schreiben, keine Schuld begleichen, auch keiner Lösung nachjagen und hatte nichts zu stehlen.

Es war dieser Hintern. So ein Arsch, das ist etwas für mich. Das wirkt auf mich, ein fülliger Arsch und breite Hüften. Weiblichkeit, die sich richtig bemerkbar macht. Auch wenn die Bilder sehr klein sind. Es sind Bilder, bei denen ich mich umschaue, um zu sehen, ob jemand sieht, wie ich meine Nase hineinstecke. Ich denke auch, andere könnten mir ansehen, dass mich nicht nur die Maltechnik interessiert. Vielleicht ist die Wirkung auch besser, weil das Bild so klein ist. Man stelle sich vor, es wären Porno-Bilder im Massstab 1:1, das wäre nicht sehr angenehm, jedenfalls nicht privat.

Man kann nicht behaupten, sie seien Meisterwerke. Es sind sehr schulmeisterliche Studien. Aber gerade das etwas erschrockene Linkische lässt das erotische Moment seltsam erregend werden. Die ganze Präsentation wirkt steif und lehrbuchartig. Es ist, als habe man weibliche Formen in Männerkleidung gesteckt. Der steife Rahmen hebt das Weibliche hervor bis hin zur Provokation.

Die Art, wie die Frau steif dasteht und nur den Rücken zeigt, hat etwas sehr Verschämtes an sich. Etwa sehr Zurückhaltendes. Eigentlich sollte sie in der «schlangenartige Drehung», wie Leo Steinberg es nennt (in *The Algerian Women and Picasso At Large*, 1972), gezeigt werden, diesem uralten Effekt, wo die Frau so dargestellt wird, dass die Wendung des Oberkörpers Brüste und Hinterteil zugleich sichtbar macht. Alles auf einmal, und gleichzeitig die herausfordernde Aktivierung des Körpers durch die wunderbaren Falten. Eine auch in Magazinen für Männer oft benutzte Stellung der Modelle. Diese Stellung ermöglicht einen auffordernden Blick nach hinten. So etwas aber tun die Modelle der Akademie von 1833 nicht. Ihr Kopf ist leicht ins Halbprofil gedreht, der Blick nach unten gerichtet, und die Hand stützt das Kinn. Aber wieder wirkt die Zurückhaltung anziehender als die professionelle Drehung. Hier steht sie, entblösst, mit dem schönen grossen Weichteil als einzigem Schutz.

Dass von einer Präsentation die Rede ist, kann man ganz wörtlich nehmen: ein Stilleben. Der Tisch mit dem grünen Tuch ist ganz nach der Art eines klassischen niederländischen Stillebens.

Das Verhältnis zu Tisch und Stilleben sieht Köbke am klarsten, und ich glaube, das hat nicht nur etwas mit der zufälligen Aufstellung der Staffelei zu tun. In Köbkes Bild herrscht eine kreuzartige Symmetrie. Über den Horizont der Tischkante ragen Brot und Wein und edler Käse. Da alles vergänglich ist, junge Brüste wie auch frische Lebensmittel, stürzen die schweren Falten der Tischdecke hinunter in die Verdammnis. Daher befindet sich das Geschlecht unter der Tischkante, die Schwere der Hinterbacken und die ewigen Beine, die von einer Fussmatte ans andere Ufer getragen werden.

Das Bild von Constantin Hansen ist «malerischer», es glüht wärmer, und die Figur ist irgendwie in die Fläche eingebaut. Dies geschieht mit einer gezackten schattierenden Umrisslinie, die eine reliefartige Wirkung vermittelt. Denn dieser Schatten schneidet sich quer durch den Tisch und alles übrige, der Raum wird negiert. Das und die gepinselte Stofflichkeit wecken Erinnerungen an Hammershöis Artemis-Bild. In verkürztem Sinne ist Hansen hier moderner als Köbke. In dieser Köbke'schen Redlichkeit liegt jedoch eine andere Stärke. Auf der Leinwand wird zu allem

Stellung genommen, nichts ist unentschlossen. Es ist ein hartes Bild, und die räumlichen Konsequenzen sind auch sehr viel weniger sentimental als bei Hansen. Angemessen ist nämlich auch die Klarheit des Lichts. Köbkes Kühle ist mehr als die nordische Nacktheit, sie ist räumliche Einsicht, die bis zu den reinsten und kristallinsten Kubismus-Bildern von Braque und Picasso reichen, als es am härtesten zuging. Im Vergleich hiermit bleibt Hansens malerischer Charme verschwommen.

Lundbyes Schuld

Es geht eine Geschichte, nach welcher Vagn Lundbye bei einem Essen, nachdem er stundenlang hartnäckig geschwiegen hatte, dazu aufgefordert wurde, etwas zur Unterhaltung beizutragen: Vagn, jetzt musst du etwas über Johan Thomas sagen. Und Vagn legt den Kopf etwas schräg, das Gesicht in pastorale Falten gelegt, und dann kommt es, wie Moses den Berg hinunter, mit einer Schubkarre: «Es ist ja nun schliesslich so, dass Johan Thomas Lundbye ein mit Reinheit geschlagener Mensch war.»

Ich bin fast umgefallen vor Lachen. Und länger ist die Geschichte eigentlich nicht. Es ist gesagt, und Andeutungen sind oft interessanter als gescheiterte Auslegungsversuche.

Natürlich lachte ich, weil es schwer ist, einen theatralischeren Maler zu finden als Lundbye. Alles bei ihm ist als Szenenbild arrangiert, ein schwer belastetes Szenenbild, für ein Puppentheater vielleicht. Die unmittelbare, fachliche Unschuld ist deshalb nur schwierig zu entdecken. Andrerseits – und hier beginnt ein endloses Hin und Her – ist dies schliesslich eine Grundbedingung für jegliches Kunstschaffen, und auf dieser Seite der Bravura gibt es paradoxerweise reichlich Hoffnung auf eine neue Unschuld. Die wissende Unschuld.

Lundbyes neue Unschuld hat jedoch etwas Beunruhigendes und Unerlöstes an sich. Vergleicht man sie mit einem der konstruierten und szenenbildartigen Tableaus Abildgaards, fällt auf, wie schroff und ikonenhaft dessen Bilder eigentlich sind. Sie besitzen ein klares Selbstbewusstsein, sie sind sich ihres eigenen Charakters und ihrer Künstlichkeit bewusst. Und trotz der strammen Zügel wird eine grössere malerische Freiheit ermöglicht und Mut zu ziemlich rauschenden und magischen Passagen. Wohingegen das Gebundene bei Lundbye scheinbar durch eine vorgetäuschte Natürlichkeit verdeckt wird, die zu etwas Kleinkariertem und zu einem verwaschenen Herumgepinsel führt.

Die künstlichste aller Vorstellungen ist die Vorstellung des Natürlichen. Diese kann nämlich das ihr eigene Artifizielle nicht eingestehen (um jetzt ein erklärungsbedürftiges Problem mit einem Fremdwort zu umgehen). Hier herrscht ein angestrengtes Hin und Her, um die universelle Schönheit einzufangen und von dem grossen Gefühl emporgehoben zu werden. Was dabei herauskommt, sind natürlich nur private Wellenstösse, und das wiederum führt zu Schuldgefühlen.

An diesem Punkt wird Lundbye erst richtig interessant. Ich erinnere mich, vor vielen Jahren einen Bildkommentar von Erik Fischer zu einer Arresee-Zeichnung gelesen zu haben, wo er, indem er die Ähnlichkeit mit einer Art informeller «Schrift» hervorhebt, die Zeichnung von der dänischen Geschichte befreit. Sie war modern in dem Sinn, dass sie eigentlich gar nichts mit dem Arresee zu tun hatte, sondern ausschliesslich seismische Beobachtungen zeigte. Vielleicht ist das die reinste Beschreibung des Modernen bei Lundbye. Und seiner Schuld.

Denn für Lundbye gab es gar keine echte Legitimation. Er versuchte sich mit einer rührenden Ideologie, konnte aber selbst nur mit Mühe daran glauben. Schliesslich waren es seine Augen und sein Pinsel, und nicht die der Theoretiker. Es wollte nicht zusammenhängen, und das war seine Schuld.

Ich kenne Lundbye sehr gut, und ich weiss, was es heisst, einen Bildraum zusammenzubasteln. Hier ein Weg, da ein Weg, hier und dort etwas borgen, kleine Anekdoten konstruieren, versuchen zu glauben, dass ein Resultat entsteht, obwohl alles nur Pappe und Kleister ist. Man stiehlt und konstruiert sich eine unglaubwürdige Landschaft. Eine pornographische Landschaft, voller Betrug und schweinischer Tricks. Für eine schamhafte Person sind das harte Bedingungen.

Am schlimmsten sind natürlich die Versuche, sich selbst davon zu überzeugen, dass das, was man gemacht hat, gut ist und in Ordnung. Das ist der entscheidende Punkt: gelingt es, wird das Bild sentimental. Sentimentale Pornographie, die schmerzt. Irgendwo muss das Bild das Bedürfnis, sich selbst zu rechtfertigen, überwinden. Es muss ohne Begründung existieren können. Nur sein. Wie eine Ikone. Das Bild ist, wie es sein soll, und es ist an sich da und von sich aus. Es kann gar nicht anders sein.

Und hier haben Lundbyes Bilder oft Probleme. Sie strahlen einen viel zu wankelmütigen Subjektivismus aus. Jetzt steht hier ein Büschel Ampfer, es hätte auch dort stehen können, oder gar nicht, und dann vielleicht doch. Das ist, was ich unter Sentimentalität verstehe. Und es ist keine Lösung des Problems.

Aber andrerseits. Andrerseits öffnet diese subjektivistische Willkür den Weg zu einer anderen Möglichkeit. Zurück zur Arresee-Zeichnung. Die hilflose Ikone. Die endlosen Zusammenbrüche. Eingestürzte Intentionen, die gerade durch ihren Zusammenbruch eine andere Natur offenbaren. Vielleicht ihre wahre Natur. Stehen und zittern diese verwehten Bäume hier mit einer ganz neuen Aussage? Und wird hier die dänische Steilküste ganz unnatürlich? Das Hünengrab wirkt so seltsam, dass es seine eigene «Unschuld» dementiert.

Es scheint, als sei es das endlose Korrigieren, der unaufhörliche Selbstzweifel, welche am längsten währen und die Farbe aufreissen und sie befreien. Die Farbe bei Lundbye ist oft anders; sie ist oft grell, der Sand gerät zu gelb, der Himmel zu blau. Und vor allem scheint sie nicht richtig an ihren motivischen Verpflichtungen festzuhalten, so dass das Grüne der Ampferpflanzen eigentlich gar nicht zur Zeichnung gehört, sondern ein Grün mit einem eigenen Recht ist, das nur herbeigeschwebt ist und nun vorübergehend die Zeichnung verdeckt. Diese sonderbare Befreiung der Farben war für Johan Thomas sicher nicht einfach zu bewältigen, und er hat sich bestimmt viel Kritik eingehandelt wegen dieses Mangels an Harmonie und Farbensteuerung, aber gerade hier wird er spannend. Was die ideologische Schuld nicht länger zusammenhalten kann, macht dem Platz, was spannend ist und woran Lundbye keine Schuld trägt.

Man kann Lundbye unter dem Gesichtspunkt des nordischen Manierismus betrachten; diese besondere nordische Unangepasstheit, diese nordische Unstimmigkeit. Die sich vor allem entlarvt durch die fehlende Fähigkeit der Farbe, sich am richtigen Ort zu befinden. Es scheint als bewege sie sich durch eigenen Antrieb. Man findet das besonders bei einer Reihe von Künstlern, die im Schatten des Wahnsinns lebten, und dann bei denjenigen, die sich früh umbrachten; Hertervig, Josephson, Hill, Jerichau und viele andere. Es sind aber Charakterzüge, die man auch bei Überlebenden und in der Normalität Lebenden findet. Hill und Josephson versuchten, sich der nicht-nordischen Normalität anzupassen, und es gelang ihnen oftmals, aber die Schatten beginnen in ihren Bildern sich abzuzeichnen und die Farben fliessen, und alles bricht zusammen. Lundbye erlebte ebenfalls, dass die Normalität oder die Unschuld sich nicht aufrechterhalten lässt, und er entschloss sich, zu einem «Selbstmord durch die Gesellschaft» (Artaud).

Das ist eine Art, es zu betrachten. Eine andere wäre, zu sagen, er sei noch nicht fertig ausgebildet gewesen, die Unstimmigkeiten und die verkehrten Farben wären nur ein Ausdruck mangelnder Fähigkeiten. Doch eine solche Schuld trug er meiner Meinung nach nicht.

Lundström im Süden

Ich sitze unter der Sonne des Südens in einem angenehm dunklen Raum, nicht weit von dem Ort entfernt, wo die beste Lundström-Anekdote sich abspielt. Die Anekdote erzählt, dass Lundström, abgeschieden in einem dunklen und kalten Kellerloch, in Haut-de-Cagnes an der französischen Riviera, seine monumentalen Stilleben malte. Für den durchschnittlichen dänischen Sonnensehnsüchtigen ein total unverständliches Verhalten: Nun hatte der Mann doch das Glück, seine Zeit im paradiesischen Süden verbringen zu können, dazu noch an der Riviera, der Glückliche, und anstatt sich von der Sonne bräunen zu lassen, verschanzte er sich, wie ein dänischer Bauer im Winter, in seinem sauren Kartoffelkeller.

Aber heutzutage, wo alle umherreisen, muss man nicht mehr erklären, dass man im Süden in einem – relativ – dunklen und kühlen Raum am besten arbeitet, will man sich nicht unter Olivenbäumen abrackern. «Gutes Wetter» sind keine heiligen Momente mehr.

Die Bilder, die sich mit dieser Anekdote verbinden, sind für mich die besten, die Lundström überhaupt gemalt hat. Nur die grossen Figuren für die Ausschmückung einer Badeanstalt können sich damit messen. Aber die sind so monstruös «gesund». Das ist ein unpassender Ausdruck, und er soll bloss einen ziemlich unreflektierten Widerwillen verdecken. Dann gibt es die zerknitterten Bilder mit ihrer Lustigkeit und ihrer Malerschwein-Freude. Sich in sie zu verlieben ist einfach, vielleicht ist da aber nicht so viel zu holen (ich jedenfalls habe meinen Ranzen nicht damit füllen können).

Zurück zum dunklen Raum in Haut-de-Cagnes: Da sind diese seltsamen bläulichen Farben. Wir stellen uns vor, dass der Süden mit seiner sommerwarmen Pracht, seinen Apfelsinen und so weiter einen Maler in die reinste Farbenorgie versetzt. Aber nein, ich sitze hier und male auch hinter verschlossenen Fensterläden, und alles ist blau und grau. Es liegt am Licht, alle Zwischentöne sind dahin. Das nordische Licht gibt viel mehr Farben Raum. Eine Strandwiese in Dänemark ist ein regelrechter Malkasten. Hier im Süden wird alles von blaugrauen und leicht zerknitterten Hügelkämmen und fernen Bergprofilen verschluckt. Auch wenn Lundström nicht aus dem Fenster gesehen hat, die Farbe stammt von hier. Trotz der geläufigen und wunderlichen farbenpsychologischen Vorstellung, die Farbe blau sei kühl und nördlich.

Diese Bilder besitzen eine Autorität, die später nicht so unbeschwert von Lundströms Bildern ausgeht. Es ist wie ein Wille, der sich selbst gefunden hat. Später wird alles mehr zu einem Akt des Willens.

Tatsächlich besitzen sie viel von der Autorität, die man auch in gewissen byzantinischen Ikonen findet. Die Fähigkeit, Grenzen zu überschreiten, von einem Motiv zu etwas anderem zu gehen. Das andere ist das, worüber man nicht reden kann. Und das tat Lundström auch nicht. Vielleicht vergass er später, mit sich selbst darüber zu reden.

Malt man eine Giesskanne und stellt sich vor, sie sei der Ausdruck des Höchsten, dann kommt sicher nur ein grosser Mist heraus. Malt man allerdings eine Giesskanne und ist selbst erfüllt von etwas anderem, dann hat man eine Chance. Es gibt jedoch keine Garantie dafür, dass etwas dabei herauskommt. Aber die Strömungen in der Stofflichkeit des Gemäldes werden zu laschen Wellenschlägen, wenn man sie zu einer gutgemeinten leichten Lesbarkeit zwingt. Die tägliche Krüppelei des Künstlers führt ihn manchmal in Versuchung, einen «Sinn» einzuführen.

Ist der Maler dagegen ein wilder oder heiliger Mann, in aller Bescheidenheit natürlich, werden merkwürdige Dinge geschehen. Überkam den Ikonenmaler in Konstantinopel die Inspiration, dann entstand etwas Grosses auf den kleinen Holztafeln, auch wenn er sich an die vorgeschriebenen Motive hielt. Und wurde vielleicht sogar vom grossen «ikonoklastischen» Kongress abgesegnet. Oder die unbekannten Maler, die in den Katakomben Roms an den üppigen, naturalistischen spätantiken Gemälden weitermalten, erfüllt vom neuen Glauben, und siehe da, unter ihren Händen wurde dasselbe zu etwas anderem. Was früher lustiger Materialismus war, wurde nun zu einer idealistischen Spiegelung. Und alles ganz ohne Kongress. Aber natürlich mit vielen Predigern.

Lundström malte Ikonen im Keller. Weil er einfach malen wollte. Da steckte kein tieferer Sinn dahinter, keine radikale kulturelle Vorstellung von gesunder Kunst für gesunde Massen. (Dies ist eine sehr hastige Art, über das nicht sehr einfach durchschaubare Spiel zwischen einer vagen Ideologie der Dreissiger und dem erwachsenen Maler herzuziehen – vielleicht ist es auch gar nicht richtig, und ich gebe keinem die Schuld.)

Vielleicht überschreiten diese Bilder ihr Motiv, weil der Maler in einem dunklen Zimmer sass. Er hat dort mehr gesehen, als wenn er im Freien herumspaziert wäre. Wie Braque und Picasso in den heiligen kubistischen Sekunden, wurde ihm ein kurzer Blick in ein unbekanntes Land gewährt. Und wie sie ging er hinaus in die normale Welt mit all ihren Geschichten und Anekdoten. Und die schrägen Anekdoten waren leider nicht mehr möglich, übrig blieben nur die langweiligen.

Dadurch dass seine Bilder in einem südlichen Loch zu ihrer Bestimmung kamen, erfüllte sich vielleicht auch diejenige des Malers selbst. Darauf blieb ihm nur noch, seinen Garten zu teeren.

Jörgensens Spinngewebe

Aksel Jörgensen ist für mich immer ein Rätsel mit einer gewissen Anziehungskraft gewesen. Vor allem was das Spätwerk betrifft; der junge Jörgensen gehörte schon zur Geschichte meiner Kindheit. Vor allem besass ich einen zumeist intuitiv begründeten Widerwillen gegen das «Analysieren». Gegen die Vorstellung, dass es ewige Gesetze und Regeln gäbe, wonach man Bilder bauen könne, oder die Idee, dass ein Wiedererkennen dieser Regeln in einem fertigen Bild von Ehrlichkeit und Fleiss zeuge. Die Bedeutung des «Goldenen Schnittes» wollte mir partout nicht einleuchten. Der goldene Händedruck der Kunst, fertig und akademisch. Ich sah es eher als einen Versuch, die Welt kontrollieren zu wollen, eine willkürlich beschlossene Polizeiverordnung. Sicherheitsnetz und Käfig zugleich, sowohl eine Abkehr von der Wirklichkeit als auch eine Art Belohnung.

Vieles davon war mit der Figur Aksel Jörgensens verbunden. Ich erinnere mich, in einer längst verblichenen Kunstzeitschrift (hiess sie *Kunst*?) einen Beitrag von Aksel Jörgensen gelesen zu haben, in dem er eines der grossen niederländischen Figurenbilder (eine Fährszenerie – vielleicht Jordaens?) kreuz und quer mit analytischen Linien verstrickte. Verstanden habe ich es nicht, ich wusste nicht, ob das Bild dadurch besser wurde, oder ob es nur die Grundlage war für das Vorführen einer Art Mantra, das man an und für sich auch auf alles mögliche andere anwenden konnte. Vielleicht aber verstand ich, indem ich nichts verstand, viel mehr als zu lesen war.

Von den letzten Bildern Jörgensens war ich sehr eingenommen. Fasziniert auf eine Art, die ich auch nicht richtig verstand. Die grellen Farben hatten ihre unmittelbare Wirkung, darüber hinaus gab es aber so viel anderes, das für sich allein schon eine ansprechende Qualität besass. Hinzu kam das ganze Netz von Hilfskonstruktionen. Nicht abgebaute Gerüste. Oder – und hier begannen die Zweifel – war das überhaupt eine Hilfe, waren das Stützkonstruktionen, die dem fertigen Bild dienten, etwas, das verschwinden würde, wenn das Bild vollendet wäre? Dass sie noch zu sehen waren, war schliesslich als Zeichen zu verstehen, dass das Bild nicht ganz fertig war, oder? Vielleicht machten sie in Wirklichkeit das eigentliche Bild aus? Entfernte man die begrenzte und doch bedrohliche Wirklichkeit des Arbeitsraumes, des Knochenmanns und des Modells, dann wäre nur noch ein blödsinniges, abstraktes Bild übrig. Es herrschte offensichtlich eine beunruhigende Spannung zwischen diesem Gitterwerk und dem Figurativen, eine Spannung so bedrohlich, dass sie die entscheidende Erzählung ausmachen musste.

Über einige Jahre hinweg habe ich fast täglich ein Bild von Jörgensen aus dem Jahr 1942 betrachtet. Ein Ausschnitt des Arbeitszimmers. Kein zufälliger oder malerischer Ausschnitt, sondern eine deutliche Konstruktion, die Bekleidung einer Konstruktion. Die allerdings, da sie von einer sorgfältigen Durchmalung verdeckt wird, nicht als deutliche Gerüstlinien zu sehen ist. Es ist ein sonderbar gehemmtes Bild, kleinlich gemalt, zögernd, wie mit einem von Berührungsangst gehemmten Pinsel. Doch gerade dieses Gehemmte verleiht dem Bild eine unerschöpfliche Faszination. So vieles auf einmal ist im Gange, und nur wenig kann man damit anfangen. Im banalen Sinn, platonisch gesagt: Die sichtbare Welt ist vage und ungreifbar, und hinter diesem Schein verstecken sich die harten Realitäten.

Die harten Realitäten, sind das die verhüllten Wächter, die mit strengen Geboten etwas zusammenhalten, das unterwegs ist zur endgültigen Auslöschung? Hat dieses Konstruktionsgitter in Wirklichkeit als Werkzeug gar keinen Sinn? Und steckt darin schliesslich weder Sinn noch Vernunft? Vielleicht ist es an sich bereits ein Bild, eine Metapher für Angst und Zweifel und für die erkämpfte Möglichkeit, es so sehr unter Kontrolle zu halten, dass sich ein Leben führen lässt.

Je offener dieses Verhältnis ins Licht gerät, desto weniger ist es als Ordnungshüter notwendig. Es wirft die enge Uniform der vorgegebenen Vernunft ab und wird mit dem Charakter einer heiteren Metapher für die Zerbrechlichkeit der Existenz versehen. Darin besteht die fröhliche Ungezähmtheit der allerletzten Bilder. In denen die Farbe auch wirklich Hand in Hand geht mit Zahrtmanns Bildern, dort, wo er am schlimmsten ist. Das ist wild.

Und weit entfernt vom Ernst der sogenannten Schüler. Sie haben nämlich das ausgespannte Netz als seriöse Gebrauchsanweisung ernst genommen. Womit sie von der darin enthaltenen, gefühlsmässigen Verzweiflung absehen oder sie erst gar nicht bemerken, und damit auch nicht das wirkliche künstlerische Potential verstanden haben.

Jorn – zur äusserlichen Anwendung

I

Ich und Asger Jorn. Ich habe Jorn nie getroffen, auch wenn ich es von der Zeit her gekonnt hätte. Als Künstler teilten wir uns fünfzehn Jahre. Aber warum sollte ein älterer Künstler einen jüngeren treffen; ich denke, für den älteren könnte das ziemlich uninteressant sein. Und der jüngere will nicht. Wenn man das Glück hatte, zu einem der richtigen Zeitpunkte begonnen zu haben. Wo sich so viel Dampf angesammelt hatte, dass das Vorhandene völlig uninteressant war. Und vielleicht sogar als schamlos und unmoralisch angesehen wurde.

Das war die Situation Anfang der sechziger Jahre. All das «Informelle», Cobra, an sich schon völlig ausgelebt, und dann all die Epigonen. Alle Gemäldelieferanten und die Akademie-Epigonen. Sassen nur da und winkten mit ihren Pinseln und wollten bekannt sein und Geld verdienen. Ohne einen Gedanken an das «Utopische». Asger Jorn wurde mit einer grossen Handbewegung in den gleichen Sack gefegt.

Wir wussten zwar, es war ungerecht, aber wir sagten uns, wenn man die Welt verändern will, passieren nun mal ein paar Irrtümer.

Und so konnten wir auch etwas einfacher damit umgehen, es half uns, die Illusion von einem sozusagen bei Null liegenden Freiraum aus aufzubauen. Wir wussten natürlich sehr wohl, dass Jorn ein so grosser Block war, dass es entweder Dynamit brauchte oder einen Umweg, und dass wir nur vorgaben, geradeaus zu gehen. Aber wir marschierten weiter, ohne die allzu gegenwärtige «Vergangenheit» besonders zu beachten.

Das gelang uns, indem wir den Mann/das Werk demontierten. Wir teilten es ein in die Malerei, die wir überholt nannten, einen «Stil», und das «theoretische» Werk, das nunmehr «interessant» wurde.

Auf diese Weise befreiten wir uns von der Pflicht, die Bilder anzusehen und die Ideen zu studieren. Einerseits war zu wenig Ideologie in den Gemälden und andrerseits zuviel davon in der Entfaltung der Ideen. Die Gemälde konnten keine eindeutigen Aussagen beitragen, und wir fühlten alle, dass wir bis über die Stiefelkanten in einem abstrakten Sumpf steckten. Die ganze theoretische Aktivität schien verschlossen und zentralistisch zu diesem Zeitpunkt, zu dem alles im Aufbruch war und auf eine (Illusion von) Offenheit zustrebte.

Trotzdem habe ich schon sehr früh Jorns Bücher gelesen (ich bin schliesslich Däne), und das mit grosser Freude und viel deftigem Schmunzeln. Da war eine Art von Humor in diesen Büchern, die all die todernsten Fraktionskämpfe und die ganze leninistische Rechthaberei in der Miniwelt der Situationisten in ein schiefes Licht rückte. Vielleicht war alles lediglich eine mit Pokerface weitergeführte Variante der ursprünglichen Vorstellung von Spiel und Unterhaltung.

Ich jedenfalls wurde mehr und mehr von Jorns bedeutender intellektueller Position und ihrer prozessartigen Spiegelung einer

Zeit und eines Lebens ergriffen. Und da ich erwachsen genug war und Jorn tot und Troels Andersen mich dazu aufforderte, fing ich an, über Asger Jorn einen Film zu machen. In dem Film kommt kein einziges richtiges Gemälde vor, sowohl weil ich Gemälde für einen Film ungeeignet finde, als auch weil mein Interesse sich auf anderes richtete. Ich nahm mir viel Zeit für dieses Projekt und las mich durch alle Schriften durch.

Die Gemälde habe ich erst allmählich anzusehen begonnen. Ich liess mich einfangen. Von ihrer intrikaten Ironie und ihren fehlenden «Lösungen». Ich unterscheide nicht zwischen einem guten und einem schlechten Jorn, und das ist immer ein Zeichen dafür, dass ich gefangen bin. Hat man es mit einem Werk zu tun, das wirklich etwas aussagt, dann ist ein sogenannt schlechtes Bild oft genau so aufschlussreich wie ein «gutes».

II

Damals in den Sechzigern herrschte für uns junge Dänen, die so gern «international» sein wollten, der paradoxe Zustand, dass Jorn nicht richtig anwesend war, weil er sich gar nicht im dänischen System befand! Jorn war draussen in der grossen Welt und deshalb aus dem Spiel. Jetzt wird es zugegebenermassen ziemlich verworren, Generationen, Nationen, Ideologien und Haltungen werden in einem Netz mit viel zu vielen gordischen Knoten miteinander verwickelt.

Wurde Jorn in meiner Zeit aus dem Spiel gesetzt? Und ist es möglich, durch diesen Urwald von gordischen Knoten einen Weg zurück zu schlagen und die wertvollen Ruinen ausfindig zu machen, oder ist der Wald abgebrannt?

Ich fange damit an, die einfachen Buchstaben wieder zusammenzusetzen: In den Sechzigern hatte man als junger Künstler in Kopenhagen, Europa, mit einer «informellen» Kunst zu tun, einem allgegenwärtigen abstrakten Expressionismus, harmlos und gleichgültig. Nichts konnte man damit anfangen, es war die Zeit des grossen Aufräumens und Wegwerfens und es war Zeit für einen Neuanfang. Vieles wurde mitsamt dem Badewasser ausgekippt, aber wir waren es, die das Wasser auskippten. Hinein kam die amerikanische Welle, aber wir waren es, die den Pool bauten. Reue zählt nicht, und es gab wohl auch nichts anderes zu tun. Was kam, war der Minimalismus und Pop Art als folkloristische Begleiterscheinung. Nicht der amerikanische Abstract Expressionism. Dieser kam erst als illustratives Glied der grossen amerikanischen Progressionsvorstellung hinzu. Die Kette der grossen Lösungen, das rationale Abschälen überflüssiger Elemente.

Jorn aber war nie Teil einer grossen Bewegung, im Sinne einer klassenartigen, ökonomisch expansiven Grösse, wie die, von der die Amerikaner sich tragen liessen. Jorn befand sich immer am Rande, eifrig damit beschäftigt, kleine Banden zu organisieren. Ewig in einer allumfassenden Opposition. Oft auch in Opposition zu seiner eigenen Malerei. Weshalb es ironischerweise Malerei blieb. Und keine Lösungen präsentierte. Kleine, heftige Leinwände, bei denen man keine Ruhe fand. Keine grossen Bewegungen von absoluter Plattheit wie bei einem de Kooning, keine selbstzufriedene Sentimentalität in amerikanisch-jüdischer Ausgabe wie bei Rothko.

Jorn fand nie zu einer «Lösung», er malte einfach nur weiter. Und daran ist er nicht gestorben.

In den Vierzigern, währen der deutschen Okkupation Dänemarks, schrieb Jorn einen sehr markanten Text: «Intime Banalitäten», eine Art «Verteidigungsschrift» für Trivialbilder jeglicher Art. In den Sechzigern lasen wir diesen Text als eine Art Prophezeiung der Pop Art und konnten nicht verstehen, dass Jorn sich nicht selbst in diese Richtung bewegt hat. Man stelle sich vor, was für ein Vorreiter er hätte sein können, die ganze Bande hätte er um Jahrzehnte geschlagen. Erst später aber habe ich verstanden, dass der Text am besten ganz elementar als eine Verteidigung des Bildermachens, des Malens schlechthin, zu verstehen ist. Die Bedeutung des Trivialen, und somit des Sentimentalen, einzugestehen, ist der schärfste Zugang zum Malen. Und paradoxerweise derjenige, der es ermöglicht, lebendige, ironische Bilder zu malen, während die hitzigen Vorwände und der grosse Stil nur zu sentimentalen Lösungen führt.

Jorn malte also Bilder und wurde übersehen, während eine Sintflut von sentimentalen Lösungen sich wie ein Firnis über die ganze Szenerie ergoss.

III

Ist es möglich, das Übersehene zurückzugewinnen? Oder ist der Zug schon abgefahren?

Ich habe eine Reihe von Rezensionen erhalten zu einer Ausstellung von Bildern von mir, die in den Staaten herumgereist ist, und das Witzigste eines Teils dieser Beurteilungen ist ihr Festhalten an den amerikanischen Positionen: einer festen Vorstellung davon, der Mittelpunkt der Welt zu sein, mit einer normgebenden Erfahrung und Geschichte. Wenn man erfährt, dass man das eine oder das andere Derivat des grossen amerikanischen Abstract Expressionism sei, dann fühlt man sich an die Wand gespielt. Dabei geht es nicht so sehr um die Frage der qualitativen Beurteilungen in den Aussagen, sondern es entsteht eher ein seltsames Gefühl von Ohnmacht. Ich komme von ganz woanders her, um so etwas habe ich mich nie gekümmert. Je mehr man sich aber dagegen zur Wehr setzt, desto schlechter steht man da im Gerichtssaal. Da muss etwas dran sein, er will es nur nicht zugeben. Auf einer etwas allgemeineren Ebene führt es zu bangen Ahnungen, was die Relativität der Lesart betrifft: Ein einziges Wort kann die Entschlüsselung in ganz andere Richtungen lenken als man meint. Und hier hilft kein Gezeter, keine Urkraft und kein Insistieren, nichts ist unmittelbar imstande, an diesen «Interpretationen» zu rütteln.

Ich glaube, Jorn hat gegenüber der selbstbewussten und selbstzufriedenen amerikanischen Welle Ende der Fünfziger und Sechziger diese Ohnmacht gespürt. Mit gewaltiger Energie hat man eine Richtung als grossen radikalen Durchbruch aus der Taufe gehoben. Etwas, das Jorn und seine Freunde eigentlich schon vor dem Kriege praktizierten. Nur kamen sie deswegen nicht auf diese Form von pompösen und sentimentalen Lösungen. Sie wurden von einem in ihren Augen monstruösen Propagandaapparat überfahren und mussten es darüber hinaus ertragen, als etwas feige und rückständige Künstler angesehen zu werden, die nicht in der Lage gewesen waren, die Konsequenzen zu ziehen und grosse und heroische Werke zu malen, sondern sich nur mit ihrem ewigen kleinkarierten Hin-und-her beschäftigten. Ich glaube, man muss Jorns wütende Ablehnung des Guggenheim-Preises in diesem Lichte sehen.

Ist es möglich, Jorn wiederzufinden, oder ist das ein verlorener Einsatz? so lautet die einleitende Frage. Ich weiss es nicht. Für mich hat es unmässig lange gedauert, soweit zu kommen, die Bilder überhaupt zu sehen.

Es ist nicht einfach, sich daran zu gewöhnen, jedes einzelne Bild als einzigartiges Ereignis zu betrachten, und nicht nur als Ausdruck eines vorausbestimmten und unabwendbaren «Ablaufs der Geschichte», an dem man entweder teilhat oder darin verloren geht. Denn manchmal müssen ein paar mit dabei sein, sonst sind ihre generationsbedingten Möglichkeiten verloren. Daran glaube ich. Es sind allerdings nicht alle mit dabei, und der Zug hält unter allen Umständen immer zu irgend einem Zeitpunkt an. Dann steht man auf einem verlassenen Bahnhof und entdeckt, dass es alles in einer gewissen Art schon gegeben hat, und gerade deshalb sind alle Wahlen, die man innerhalb eines einzelnen Bildes trifft, echte Wahlen, irreversibel und grausam. Komischerweise.

So sind die Bilder Jorns: ironisch, weil sie mit einem schiefen Grinsen diese Wahlen treffen. Und sie entziehen sich nicht der Diskussion indem sie darauf hinweisen, dass die Wahl ein für alle Mal mit der Wahl der Linie getroffen wäre. Dass jedes Bild nur eine Art Fahrkarte darstelle, die das Recht zum Mitfahren bestätigt.

Jorn ist ein Maler ohne Rabattfahrkarte. Vielleicht hat man ihn deswegen vertrieben.

Fragezeichen zu John Hunov

Ich kenne nicht viele, die ein derart langweiliges Leben zu führen scheinen, wie John Hunov. Ein absolut langweiliges Durchschnittsleben der schlimmsten Sorte. Jedenfalls im Vergleich mit dem, was man sich meist unter einem spannenden und interessanten Leben vorstellt. Warum hat er dann Kunst von Aussenseitern gesammelt? Kunst, die zu dem Zeitpunkt, wo er sich dafür einsetzte, entweder verdrängt oder zu neu war, um auf Interesse zu stossen.

Interessiert sich dieser scheinbar langweilige Bankangestellte für Macht? Er selbst verneint es: Wie sollte ein fast mittelloser Bankangestellter ohne irgend eine anerkannte Position in der Kunstwelt Macht besitzen können, meint er. Wenn er Leserbriefe schreibt und sich mit einem für einen Laien oftmals verblüffenden Repertoire über dies und jenes beschwert, dann eben, weil dem machtlosen Zuschauer nur der Leserbriefkasten übrigbleibt. Doch gerade in diesem Verhalten steckt schliesslich ziemlich viel Macht. Den kollegialen Einspruch kann man relativ einfach mit einer kollegialen Sprache beiseite schieben, der beharrliche Laie jedoch repräsentiert eine extrakollegiale Grösse und eine andere Welt sowie Druck und Stress in bezug auf die Institution. Hier zählt nicht die Vernunft, dies ist keine Einladung zur Diskussion; schlüpft man in die Rolle des unschuldigen Laien, dann personifiziert man plötzlich in bedrohlicher Form jene Idealgrösse, die angeblich erst der Grund dafür ist, alles auf die Beine zu stellen: das Publikum. Beide Seiten reden von hochgradigem Betrug, aber Betrug ist schliesslich das Spiel der Macht.

Kann man die Sammelgebiete, die John Hunov sich über die Jahre hinweg ausgesucht hat, als Ausdruck für einen Drang zur Macht ansehen? Das ist gar keine Frage. Wer als erster das Neue erkennt, oder das Vergessene wiederentdeckt, das laut Zeitgeist reif ist für eine Wiedergeburt, der erhält dadurch Macht.

Eine Macht, die vielleicht nicht bewusst und aktiv danach strebt, sondern vielmehr aufgrund der trägen Auffassung der Gegenseite zugeteilt wird. Wenn aber die Spürnase des Trüffelhundes für das Kommende entwickelt und gepflegt wird, dann steckt darin eine Freude, die gelernt sein will.

Information ist Macht. Weiss jemand, dass es das eine oder das andere bereits gegeben hat, lässt sich schwerlich dagegen argumentieren. Mit Hunov lässt sich überhaupt nur schwer diskutieren. Er hat immer recht. In einer Diskussion kann man ihn nie überzeugen, da ist er ungeheuer rechthaberisch. Macht etwas, das man gesagt hat, dennoch Eindruck auf ihn, dann zeigt sich dies erst sehr viel später, und ohne Quellenangabe. In der Regel ist es aber auch nicht das Gesagte, das ausschlaggebend war, sondern die Zeiten, die sich geändert haben, und das Neue, das vergammelt war. Ein Dose mit Scheisse soll man nicht öffnen. Das ist eine Art Opportunismus der Informationsmacht.

Mit seiner «Daner Galerie» ist Hunov einer Institutionalisierung der Informationsmacht am nächsten gekommen. Die Galerie betrieb er auf eigene Kosten, und sie war entsprechend klein.

Und blieb ein Geheimtip. Was ihr natürlich einen Hauch von subversiver Macht verlieh. Hier ist selbstverständlich Platz für unzählige Fragezeichen: War der Sinn der Galerie, den Dänen (die «Daner») die Chance zu geben, eine Kunst kennenzulernen, die ihnen sonst unbekannt geblieben wäre (ein Teil der ausgestellten Kunst wäre ohne diese Beihilfe im Tal des Vergessens verschwunden)? Wollte Hunov demonstrieren, dass er es besser wusste? Ging es um eine praktisch-intellektuelle Arbeit als Bestandteil eines kleinen aber energischen Milieus inmitten einer konfusen Zeit?

Die letzte Frage führt, zusammen mit meiner Biographie, zurück in die Sechziger und in die Zeit der Eks-Schule. Da war auch Hunov, der erste Sammler, zwar mit wenig Geld, aber es war mehr als gut, dass er da war. Eigentlich hat er nicht als Sammler, Zutritt bekommen. Zutritt erhielt er, weil er interessiert war. Und er hatte gute Empfehlungen. Einen direkten Draht zu Addi Köpcke.

Hunovs Position gründete sich zu einem grossen Teil darauf, dass er Addis rücksichtsloses und rasendes Bestehen auf verschiedene fundamentale Wahrheiten weitergab. Um so mehr, als er sich von keinen praktischen Erwägungen belasten liess. Bei Addi zeigte sich schliesslich auch, dass seine Praxis nicht immer seinen Predigten entsprach. Was zu einem gewissen Grad die Raserei erklären mag und dazu beitrug, dass man das Zischen überlebte. Hunov dagegen konnte einen wegen seiner erwähnten Beharrlichkeit in Diskussionen zum Wahnsinn treiben. Da gab es nichts zu lachen. Da wurden Urteile gefällt ganz ohne Rücksicht auf persönliche Gefühle, und aus einer Position der Verletztheit aus argumentieren zu müssen, ohne an eine Widerrede denken zu können, insbesondere da, wo etwas auf dem Spiel stand, nämlich in bezug auf die Qualität des verworfenen Objekts, das führte zu

Ohnmacht und zu weissen Fingerspitzen. Es wurden auch Böcke von Schafen getrennt, und eine weitere Frage stellte sich: Wer gab ihm dazu das Recht?

Trotzdem gab es damals ein Gleichgewicht der Dinge. Wir gehörten zur gleichen Generation, und wir teilten alle ein biologisches Recht an Aggression und Besserwissen. Der Treibstoff für solche internen Mechanismen kam nämlich oft aus eben diesen gefühlsmässigen Prüfungen. Man kann sagen, Hunov hatte recht im Nicht-recht-Haben. Es hatte einen Zweck, man wurde sich darüber klar, ob man wirklich zu seinen Entscheidungen stehen wollte.

Hunov sprach gut Deutsch. Das Englisch-Amerikanische hingegen lag irgendwie ausserhalb seines Horizonts, und Minimalismus und Pop Art mussten wir selbst für uns klären. Und für den russischen Radikalismus hatten wir Andersen. Allmählich wurde die deutsche Verbindung immer wichtiger. Sie war ja von Anfang an über Addi dagewesen, und Fluxus kam mit einer deutschen Färbung nach Kopenhagen. Diese romantisch-idealistische Ausgabe des «Konzeptuellen» war Hunovs erste diplomatische Mission. Oberflächlich betrachtet wirkt es etwas ironisch, dass seine zweite deutsche Mission mit der Malerei und dem Figurativen stattfand. Doch ermöglichen seine Deutschkenntnisse Kontakte zu Leuten, die «etwas bedeuteten», und Hunov wurde somit wichtig in diesem Kreis, wo die Lust, berühmt zu werden, sich ausbreitete.

Auf diese Weise wurde Hunov im Vakuum-Jahrzehnt nach den Sechzigern für eine ziemlich therapeutische Gruppe, mit einem Kern aus der Eks-Schule, zu einer Art Manager. Jeder war für sich allein schon längst auf seine eigene Mission ins All gestartet, samt Mitläufern auf dem Seitenstreifen. Konnte Hunov uns im Ausland

Anerkennung verschaffen, dann war das ein Grund, ihn auf der Liste zu behalten.

Wurde Hunov jung mit den Jungen? Eine Frage, die sich stellen lässt, wenn man in den frühen Achtzigern von aussen auf Hunov inmitten der «jungen Wilden» blickte. Was hatte er dort zu suchen, das war doch eine ganz andere Generation? Was war das für eine Autorität, die er hier besass, hatte er etwas von unserer Jugend als Eintrittskarte mitgebracht, so wie seinerzeit Addi und die alle? Lag das in seiner Macht?

Gleichzeitig mit all diesen Fragezeichen setzte seine Serie von Wiederentdeckungskampagnen ein. Und da lag, in den letzten vielen Jahren, meine lebendige, wenn auch sporadische Verbindung zu Hunov. Es war immer spannend, davon zu hören und zu sehen, und in bescheidenem Umfang habe ich hin und wieder mit einem kleinen Text einen Beitrag geleistet. Solche Tätigkeiten, die versuchen, die viel zu festgelegte Geschichte dieses kleinen Landes zu korrigieren und umzudeuten, halte ich für absolut notwendig, und Hunovs Einsatz hatte immer einen Bedeutungscharakter, er traf immer mitten in eine aktuelle, wenn auch nicht immer wohlformulierte Situation. Sein Einsatz war beherrscht von einer gewissen Grosszügigkeit und von einer Einsicht weitab vom Fassungsvermögen der Kulturseiten in der Presse.

Mit dieser Tätigkeit befinden wir uns dicht an Hunovs «Daimon», jener Bestimmung, die er mit seinen Taten erfüllen wollte. Es ist nicht meine Absicht, hier zum Schluss alle Fragezeichen wieder aufzuheben, denn viele werden noch auf seinem Grabstein stehen. Aber man kann ein paar davon auf den Kopf stellen, als wären sie die Einleitung eines spanischen Satzes. Denn John Hunov, der weder ein Welttenor wurde, noch Museumsdirektor oder Kunsthändler, sondern noch immer in einer Bank sitzt und darauf hofft, nicht entlassen zu werden, ist letztendlich hiergewesen, um mehr Platz zu machen. Jene Art von Platz, die man spürt, wenn man seine Möbel neu arrangiert.

Es gibt keinen richtigen Schlusspunkt. John muss sich mit der moderaten Langweiligkeit des Daseins abfinden, und hin und wieder das eine oder das andere aufgraben, um die Langeweile einigermassen in Schach halten zu können.

Schwitters am Ende – ein Maler in England

I

Kurt Schwitters ist in der Kunstgeschichte zu einem Umrechnungsfaktor geworden. Zu einer festgelegten Grösse X, mit welcher sich unübersichtliche Klammern multiplizieren und zu einem berechenbaren Platz in einer Progression einebnen lassen.

Um Schwitters für diesen Zweck verfügbar zu machen, hat man ihm den Titel Maler abgenommen und ihn zum Mann mit den Collagen gemacht. Denn sein Werk als Maler hätte sich in eine modernistische Entwicklungsgeschichte einfügen lassen, die auf eine ebenfalls oberflächliche Weise den Kubismus missversteht und missbraucht.

Um aber an der Linie festzuhalten, musste die «offizielle» Geschichtsschreibung die Abweichungen bei Schwitters beseitigen. Und man hat posthum den Mann zur Rechenschaft ziehen und sich mit seinem eigenen Selbstverständnis als einem Missverständnis auseinandersetzen müssen.

Man kann all das Schwierige, all das Unbändige und was sich dem Fortgang der Geschichte widersetzt, im Begriff «Maler» zusammenfassen. Schwitters sah sich selbst als Maler; das geht eindeutig aus allem hervor, was er geschrieben hat. In den ursprünglichsten seiner Briefe spricht immer ein Maler, und das ganz unbeschwert. Für ihn war das kein Problem, sondern eine Naturbestimmung. Prinzipiell herrschte zwischen dem einen und dem anderen Ausdruck kein Unterschied.

Dann hat man versucht, den Mann zu zerlegen, und effektiv mit grossem Erfolg. Schwitters ist es egal, er ist tot. Er hatte Schwierigkeiten genug. Mit seinem eigenen Werk hatte er es bedeutend einfacher. Er besass jene souveräne Naivität, die eine Voraussetzung dafür ist, bedeutende Kunst zu schaffen. Eine Naivität, die nicht mit Dummheit oder Unwissenheit zu verwechseln ist. Es ist eine Naivität der anderen Seite, eine Naivität, die als Voraussetzung Wissen und Einsicht erfordert.

II

Die Jugendgemälde kann man relativ problemlos abschreiben. Oder richtiger, um sie braucht man sich nicht zu kümmern, es sind eben Jugendbilder von der kuriosen Sorte, die alle Künstler aus der Zeit, bevor sie das Licht erblickten, vorzeigen können.

Grössere Probleme machen all die Gemälde aus den vielen Jahren in Norwegen. Schliesslich hat ein reifer Künstler sie gemalt. Schwierig sind sie; nicht nur sind sie in klassischer Art und Weise mit Öl und Pinsel auf Leinwand gemalt, sondern sie sind auch bezüglich Motiv und Figürlichkeit sozusagen äusserst traditionell.

Um sich dieser unangenehmen Bilder zu entledigen heisst es dann, er habe sie nur gemalt, um zu überleben. Brotbilder seien es gewesen. Aber das sieht einem Maler natürlich nicht ähnlich. Sogar das, was verkauft wird, kann nicht abweichend von seinem

Innersten gemalt sein. Das bedeutet selbstverständlich nicht, dass es nicht auch Bilder gibt, die dem Plan folgten, die absolute Freiheit einzusetzen, sich nichts von seinen eigenen Vorstellungen über Avantgarde und dergleichen diktieren zu lassen, sondern statt dessen an der *Grossen Naivität* festzuhalten.

Werner Schmalenbach unternimmt in seinem grossen, grundlegenden (und in vielerlei Hinsicht verdienstvollen) Werk über Schwitters den Versuch, die noch immer auf «soziale» (das Überleben betreffende) Erklärungen aufbauende Ablehnung der norwegischen «Kitsch»-Bilder mit Argumenten zu erweitern, die mehr auf den Inhalt eingehen. Das geht sehr schnell vor sich, und hier ist das Resumée: «Denn seine Grundüberzeugung war nach wie vor: ‹Kunst ist nie Nachahmung der Natur, sondern Kunst ist selbst Natur.› Es besteht daher kein Grund, diese Produkte seines Schaffens, die in grosser Zahl erhalten sind, einer künstlerischen Analyse und Kritik zu unterziehen: ihr Autor selbst hat sie aus dem Bereich der Kunst ausgesondert. Sie sind für den Menschen Schwitters von grösserem Interesse denn für Schwitters als Künstler.»

Das ist eine interessante Unterscheidung zwischen Mensch und Künstler, die offensichtlich schwieriger zu ziehen ist als die zwischen Mensch und Maler. Der Kernpunkt ist jedoch die Anführung des Schwitters-Zitats und das merkwürdige Missverstehen seiner Tiefe. Gegenüber einem derart abstrakten Bild ist es schliesslich nicht sehr aufsehenerregend, eine solche Natur-Parallele zu behaupten. Es ist kein unbekanntes Argument, dass ein abstraktes Bild aufgrund seines prozessartigen Charakters natürlich in höherem Mass imstande ist, die Natur jenseits aller festgelegten figurativen Darstellungen zu zeigen. Dank einer höheren Gerechtigkeit ist die Erschaffung des Bildes in Wirklichkeit die echte Genesis. Schon möglich, dem Maler hilft es jedoch in keiner Weise weiter. Was der Maler weiss, und was Schwitters aussagt, ist, dass das Bild immer etwas anderes ist als Natur, ob es jetzt scheinbar der Natur ähnlich sieht oder nicht. Und mit diesem naiven Grundwissen kann man ebensogut abstrakt malen wie etwas darstellen, das aussieht wie Natur. Der Unterschied ist der gleiche.

Ich meine, das lässt sich ohne weiteres in den norwegischen Bildern erkennen. Durch die dinglichen Motive als Ausgangspunkt entsteht ein Duktus und es wird ein Raum etabliert mit einer inneren, organischen und ganz spezifischen Beweglichkeit.

III

Auf den englischen Bildern sind es diese seltsamen Stromwirbel, die sich durchsetzen. Trotz der dramatischen äusseren Umstände gibt es zwischen den norwegischen und den englischen Bildern eine überraschende Kontinuität. Doch das grösste Problem beim Versuch, die Reinheit bei Schwitters zu bewahren, ist das Verschmelzen der verschiedenen Seiten in seiner Kunst.

Bei den früheren Bildern, wo ein innerer Zusammenhang bestand, hatte auch Schwitters selbst kein Problem. Während aber die verschiedenen Typen – Collage, Malerei – sozusagen physisch auseinandergehalten wurden, verschmelzen sie nun miteinander. Statt mit Fremdelementen Collagen zu machen, malt er nun mit ihnen. Sie werden in die Bilder so hineingemalt, dass zwischen Holzklotz und Ölfarbe kein Unterschied mehr besteht. Es ist Malerei.

Im grossen und ganzen ist es unmöglich, die Dinge zu ordnen, oder sie in mehr oder weniger brauchbare Grössen einzuteilen.

Entweder alles oder nichts. Eine solche Ordnung wird verneint, und gleichzeitig sind es die tiefgründigsten und abgeklärtesten Werke, die Schwitters geschaffen hat. Verfolgt von Krieg und grossen persönlichen Sorgen, gleichzeitig aber getroffen vom Glück des Malers, die grössten Werke zuletzt zu machen.

Um nun wieder Schmalenbach als Sprungbrett zu benutzen: «Nun aber, in England mehr noch als schon in Norwegen, glaubte er, Maler zu sein, und sein jahrelanges malerisches Bemühen verstärkte das tragische Gefälle dieser Jahre.» Da sieht man, der Mann glaubt, Maler zu sein, aber wir wissen es besser, wir haben eine andere Bestimmung für ihn. Schliesslich kann kaum gemeint sein, dass er nicht malen konnte, vom Handwerklichen her. Das konnte er, die norwegischen Bilder sind in einem stürmischen Duktus gemalt, eine hinreissende Tour. In den englischen Bildern ist die Pinselarbeit langsamer, oft scheint sie unbeholfen. Es herrscht der selbe Mangel am Bedarf, zu brillieren, wie beim späten Cézanne, das selbe nachdenkliche Zögern. Eine souveräne Naivität setzt das von Hand Geschaffene an einen Ort jenseits von gut oder schlecht.

Schwitters befindet sich auch jenseits jeglicher Vorstellung von Stil. Er hat nicht mit verschiedenen Werkarten gearbeitet, weil er verschiedene Stilarten zu beherrschen suchte, sondern weil er nicht daran geglaubt hat, dass es so etwas wie Stil gäbe. In den englischen Werken, wo alles miteinander verschmilzt, wird die Gleichgültigkeit gegenüber dem Stilbegriff überdeutlich. Das, was man «er glaubt, ein Maler zu sein» nennt.

Ein Maler zerstört die Vorstellung von Stil. Der Stilbegriff ist eine Folge der Vorstellung von einer Progression, eine vorwärtsgerichtete Entwicklung. Daher braucht man keinen Maler, sondern einen Spezialisten, damit man den zugewiesenen Platz einnehmen kann. Das Problem des Malers ist, dass er weiss, dass er sich mitten in der ewigen Wiederholung befindet. Alles ist bereits getan, und die riesige Verpflichtung besteht darin, alles noch einmal zu machen. Das trägt natürlich nicht zum Fortschritt bei, daraus entsteht kein Fortschrittsglaube, und eine intellektuelle Unterhaltung ist nicht möglich. Und indem man sich so über die Vorstellung von Fortschritt und über die intellektuelle Rastlosigkeit hinwegsetzt, entsteht eine naive Haltung. Eine gefährliche Naivität, die man besser lächerlich macht oder demontiert. Die stilverneinende Naivität ist eine gefährliche und schwer zu handhabende Grösse.

Kein Wunder, dass Schwitters die schönsten Werke seiner Naivität während seiner letzten Lebensjahre schafft, wo er sich gänzlich ausserhalb seines sozialen Lebens befindet. Und wo er nicht nur glaubt, sondern sehr wohl weiss, dass er ein Maler ist. Wir müssen es Malerei nennen, und nicht Collage oder Assemblage – ganz gleich wie viele Klötze oder Dosendeckel im Bilde sind.

Glossar

Einleitung

Ich liebe es, wenn ein Text klumpt und die Sätze dumpf klingen, weil versucht wird, auf zu wenig Platz zu viel zu sagen. Oder weil man sich bemüht, jeden noch so trivialen Anlass zum Träger von grossen Manifesten und programmatischen Hornstössen zu machen, obwohl dem Anlass eher eine mündliche Anekdote gerecht würde. Das sind gleichzeitig unmögliche und überhebliche Ambitionen und ein rührend naiver Glaube, ein Glaube sowohl an eine Bedeutung im Text, als auch an den Autor selbst.

Ein Glaube, der sich oft hinter dem Äusseren von meist schüchternen und nervösen Rednern verbirgt. Von solchen, die gerne etwas sagen würden, aber dennoch dem Rednerpult fernbleiben.

Auch diese Text-Reden lassen sich nicht verbessern. An ihnen kann man nichts ändern, ohne zu scheitern, dazu ist ihr Gefüge zu dicht und wird nur von der Intention zusammengehalten. Die sprachliche Vernunft in einem konventionelleren Sinn mag sie als Wand-zu-Wand-Teppich ausbreiten, endlos und trivial.

Als ich jung war und die Universität besuchte, gab es die sogenannte «Studentersamfund» mit zwei Fraktionen: der Hörup-Gruppe und der *Clarté,* und es gab den Mönchskeller. In diesem Kellergewölbe wurden Versammlungen und Feste abgehalten und natürlich auch eine Weihnachtszusammenkunft. Mit einer Berühmtheit als Festredner.

Einmal in den frühen Sechzigern war Asger Jorn als Festredner angekündet. Es kam aber kein Jorn, sondern ein Lieferwagen mit einem Haufen Bücher als Ersatz: Jorns «Wert und Wirtschaft» (Værdi og økonomi), erschienen als Mitteilung Nr. 2 des Skandinavischen Instituts für vergleichenden Vandalismus. Ironischerweise mit Jorn selbst auf dem Umschlag, verkleidet als Marx mit riesigem Rauschebart. Ich vermute, die meisten Exemplare verschwanden im üblichen Studenten-Trinkgelage und unvergleichlichem Vandalismus. Mein eigenes Exemplar besitze ich noch, auch wenn ich mir damals nicht darüber im klaren war, ob es für einen seriösen und organisierten Revolutionär auch das richtige war.

Echo in den Ohren
klingende Messen
umherliegender amöboider Puls
Bündel nackter Zweige gegen einen grauen Himmel.

Warum nicht einfach einen Wagen voller Bücher am Fuss des Rednerpults abladen? Bücher die sowieso niemand kauft. Ja, das kann man sich fragen. Der Gedanke, eine Rede zu halten, zerstört meinen Blutdruck. Ich tue es nie mehr. Denke ich jedesmal.

Ich hasse routinierte Redner. Die improvisieren können und imstande sind, aus dem Stegreif Sätze nach etwas tönen zu lassen. Trockeneis. Irgendwie Luft. Meine kleine Reden sind alle auf Papier abgefasst. Mit dem Papier in der Hand gibt es eigentlich keinen Grund, nervös zu sein. Aber ich bin es. Vielleicht, weil von einem Einkochprozess die Rede ist, und ich ständig unsicher werde, wenn etwas auf dem Spiel steht. Die meisten Gedankenvorstellungen sind eingekocht, ein dünner Faden aus Banalität und kryptischen Bildern.

Man kann so schreiben, aber klingt es nach etwas, wenn man dort vorne steht? Jorn schrieb so und schickte die Bücher. Ich trete auf (jetzt ist aber dann Schluss damit), aber ich fühle mich mit dem Glossar sicherer.

Das goldene Zeitalter – Köbke

Sie sind fern, die Maler
oft zweifle ich, ob sie wirklich gelebt haben
oder ob sie reine Imagination sind
die Farbe bröckelt ab und wirbelt fort
klare und durchsichtige Flocken
unmerklich schneiden sie sich ihren Weg
Es schmerzt und man weiss nicht warum
Ich beginne mich vor ihnen zu fürchten

Ich habe für Abildgaard als Figur schon immer mehr gefühlt, als für den arbeitenden Denker, den empfindsamen Menschen; ich verspüre eine Nähe und habe das Gefühl, ihn zu kennen. Das ist sicher eine Illusion, aber es funktioniert. Die dänischen Maler des goldenen Zeitalters mit ihren Klappstühlen und Zylindern sind für mich die reinsten Gespenster, da kann man die Hand hindurchstecken, reine Phantasie. Es hat mit ihrer Zeit zu tun, einer geschäftigen, gärenden Dorfidyllenzeit. Sie heisst auch nur in Dänemark das «goldene Zeitalter», anderswo in der Welt nennt man es Biedermeier. Und gegen Schluss taucht eine Person auf namens Johan Thomas Lundbye, der als Person für das Theatralische und als Figur für das Melodramatische steht. Die «reinen» Maler wie Eckersberg und Köbke kann man hingegen nicht greifen. Und das hat vielleicht seinen guten Grund. Erik Fischer hat viel dazu beigetragen, das Streben nach einer überpersönlichen Maschinerie zu erklären, das Eckersbergs Antrieb wurde. Der grandiose Versuch, eine Malerei zu schaffen bar aller Launen und privaten Aussagen. Entstanden ist jedoch eine knirschende Konstruktion, die mich zusammen mit dem Tagebuch zu einer Position führen sollte, wo es möglich wäre, eine «Person» heraufzubeschwören. Doch nichts dergleichen geschah. Und noch weniger im Fall Köbke. Köbke ist der perfekte Maler. Alles wirkt bei ihm so natürlich und klar. Nichts knirscht. Es ist so rein, dass das Bedürfnis nach einer Person, einer Figur hinter den Bildern, nach einem Autor, völlig hinfällig wird.

Die Bilder sind so klar und natürlich, dass sie unverständlich werden.

Köbkes Bilder sind schwindelerregend und unheimlich. Weil sie scheinbar so natürlich und vertraut sind, ganz ohne Tricks oder Anweisungen. Und ganz leise wenden sie sich und wenden sich in Dir, und Du weisst nicht mehr, was Du weisst. Das ist völlig egal! Konstruktion, Bild, Skizze oder welche Reihenfolge auch immer, alles ist gemalt, und das Leben ist kurz und wir wissen nichts darüber. Das Leben ist ebenso dünn wie die Farbe auf der Leinwand, oder wie die lichterfüllte Luft um die Erde. Denn er kann Licht malen, dass es fast schmerzt. Wie ist es doch schmerzlich, die Ziegelei dort am Flensburger Fjord liegen zu sehen. Und selbst die steifsten Konstruktionen auf Österbro bringen nicht mehr Ordnung ins Dasein, nur dass das errötende Morgenlicht alles zu Fall bringt. Und aus dem Herbstnebel tauchen ganz ausser Programm bedrohliche Verdichtungen auf.

Köbke ist ein Maler, der nie existiert hat
er malte unsichtbare Bilder
da könnt Ihr alle einpacken.

(Mein Beitrag zu Tom Ellings Film «Goldenes Zeitalter» – er wurde in dieser Form nicht vorgetragen. Abgedreht am 26.3.92)

Rede am Vesthimmerlands Gymnasium in Aars

anlässlich der Einweihung einer von acht Skulpturen, 24.11.92

Man hat mich gefragt, ob ich ein paar Worte sagen wolle, und ich habe abgelehnt. Kommt überhaupt nicht in Frage. Nein zu sagen, das habe ich gelernt. Nein sagen zu können und *Zeit* zu sparen – und *Machtanwendung* draussen zu halten. Nicht dass ich weder das eine noch das andere an sich für falsch halte, also Macht anzuwenden oder grosszügig mit seiner Zeit umzugehen. Alles hat schliesslich doch einmal ein Ende, und bis es soweit ist, muss Macht ausgeübt werden und die Zeit muss vergehen.

Wenn ich in meinem Job im Laufe der Zeit (leider versteht man diese Dinge erst allmählich) die Überzeugung gewonnen habe, dass ich mich von solchen Dingen fernzuhalten habe, dann aus ganz bestimmten Gründen. Weil man als Künstler ausserhalb seiner selbst arbeitet. Das «Selbst», das Zeit verbraucht und vielleicht Macht ausübt (in der sehr bescheidenen Grössenordnung, die nun einmal der Kunstwelt zu eigen ist), stiehlt Zeit und selbstquälerische Kraft von diesem anderen «ausserhalb seiner selbst». Machtausübung geschieht immer von einer Basis aus, aus einem Selbstverständnis, einer Haltung. Sie bedeutet daher ein Erstarren, eine Rechtfertigung dessen, was geschieht, weniger Platz für das endlose Schweben im Nichts und den ewigen Zweifel an sich selbst. Durch Machtanwendung und Auftrieb kann Ideologie entstehen. Und davon habe ich mehr als meinen Teil erhalten.

Man nehme z.B. «Haltung». In meiner künstlerischen Jugend sagten wir, es sei wichtig, eine «Haltung» zu haben. Was das genau bedeutete, darüber wurden wir uns nicht ganz einig, es hatte aber damit zu tun, an etwas zu glauben, eine Utopie zu haben, etwas anderes zu machen, als was wir als das gängige, geschmackvolle Einerlei betrachteten. Es war eine glückliche Zeit. Jetzt ziehe ich es vor, mich der Haltung zu entledigen, denn sonst kann ich mich nicht gehen lassen, und meine Kunst könnte als Meinung und Ayathollah-ähnliches Gebot enden, als Angebote an andere, z.B. etwas aus ihrem Leben zu machen. Ein Leben, das ich selbst doch als völlig sinnlos betrachten muss, damit mein «Ausser-seiner-selbst»-Schatten seine Bewegungsfreiheit erhält.

Warum soll ich also ausgerechnet das Wort ergreifen, auf das zu verzichten ich mich entschlossen habe? Ich weiss es nicht genau, aber nun stehe ich hier, im Zusammenhang mit einer Art Einweihung, zum zweiten Mal innerhalb kurzer Zeit in Aars. Das heisst, ich weiss es doch. Die erste Einweihung war richtig und hatte eine Art «Haltung», jetzt aber stehe ich da mit einer sinnlosen und ausserdem sehr grossen Skulptur in schwarzpatinierter Bronze.

In Wirklichkeit sollte ich mich vielleicht entschuldigen, und das hat mich schliesslich doch zum Wort gebracht.

Vom Backsteinprojekt habe ich eine Vorstellung entwickelt, die vielleicht reine Fiktion ist, aber sie hört sich echt an. Vielleicht ist es eine Illusion, oder, schlimmer noch, eine Art «kulturpolitische» Rechtfertigungsmassnahme. Wo es ernst wird, dort wird die Kunst stark unterdrückt indem man sie «Kultur» nennt oder «Das Kulturelle». Anfangs ist irgendwo Kunst. Sie ist ohne Nutzen, unbrauchbar. Dann entwickelt man «Das Kulturleben», das ist schon ganz vernünftig. Es kann unterhalten, es gibt allem einen Sinn, es ist Therapie und schafft bildungsmässige Hierarchien. Und ist subventionswürdig. Und dann kommt der Verwaltungsapparat und weg ist die Kunst. Ausser sie passt sich vielleicht an und wird zu einem Teil des Kulturlebens. Aber das ist dann keine Kunst mehr. Anpassung ist eine unglaubliche Sache. Sie ist nicht nur einfach dekorativ oder auf einem etwas höheren Niveau intelligent und leistet ihren Beitrag zur kulturellen Unterhaltung, sondern sie verschlingt ausserdem wollüstig praktisch jegliche Art von Aufruhr.

Die Vorstellung, die ich von den Backsteinen entwickelt habe, ist geprägt von leicht konträren Meinungen. Die Geschichte habt Ihr auch schon einmal gehört, von der relativen Anonymität des Materials und den Formen, die es ermöglicht haben, etwas im sogenannten öffentlichen Raum aufzustellen, ohne dass man sich als Künstler anmassend oder aufdringlich zu fühlen braucht. Hier in Aars kommt die glückliche Kombination von Zeit und einer Art Zweckmässigkeit hinzu. Dass man sich in den Pausen darauf setzen kann (was den Hintern freut …). Und das Observatorium, das in genau dem richtigen Moment hinzukam und das Projekt vor allzu formalistischen Exerzitien rettete. Das Gefühl, dass alles hier zusammenfliessen konnte, ohne die übliche Soll-das-hier-Kunst-sein-Diskussion.

Alles schön und gut, aber mit dieser neuen, «richtigen» Skulptur dementiere ich schliesslich die meisten dieser Legitimationsversuche wieder. Und das lässt mich an ihnen zweifeln. Vielleicht habe ich dem kulturellen Druck nachgegeben. Missverstehen Sie mich nicht, die Dinger, die dort draussen stehen, haben nichts falsch gemacht. Ich spreche nicht von ihnen, sondern es sind meine eigenen, vielleicht zu oft angeführten Argumente, mit denen ich ins Reine kommen möchte. Es braucht nur einen kleinen Schritt in dieser Richtung, um herauszufinden, worum es geht, wenn man erst einmal versucht hat zu entscheiden, worum es nicht geht. Ich muss schliesslich ein paar Schritte mehr nehmen, vorwärts oder rückwärts, und das ist unmöglich, wenn ich in den Argumenten festhänge. Sogar die Strassenschilder müssen entfernt werden.

Ein kleiner Einwand zum «Kulturellen» ist unumgänglich. Das Kulturelle ist in seiner modernen Form eine sonderbare konsumtherapeutische Aktivität. Deren selbstformulierte Haupttugend heisst «Ausbreitung». Es ist die Pervertierung einer älteren hochschul-sozialdemokratischen Idee, so vielen wie möglich die Chance zu geben, an der Kultur, die von der Kunst ausging, teilzunehmen. Das Mittel war eine Mitteilung an den Einzelnen und gleichzeitig ein Überredungsversuch. Und man hatte sogar ständig die Hauptquelle vor Augen.

Das Kulturelle heute ist eine etwas diffuse Aktivität, die parallel zu anderen Aktivitäten besteht, wie sie sich während des letzten Jahrzehnts entwickelt haben. Die Kunst betrachtet man wohlwollend und gern als Teil dieser umfassenderen Aktivität. Indem sie eine Aktivität ist, wird sie zu etwas ebenso angemessenem und sinnvollem wie Auto fahren, surfen, einkaufen usw.

Natürlich hat sie als Aktivität einen etwas höheren Status, unter anderem weil sie in ihrer neueren Form mit einem höheren Lohnniveau verknüpft ist. Als Aktivität lässt sie sich mit objektiven Zahlen bewerten. Mit Verkaufszahlen für Bücher, Besuchszahlen in den Museen und Theatern. Und die ganze Aktivität hat ihre Berechtigung in den Massen. Deshalb bestellt man angeblich tüchtige Verwalter, die «Das Königliche Theater» zu etwas Lukrativem machen sollen, und inhaltsmässig zu etwas, das als Abschluss eines Einkaufsbummels in der City passt. Das Warenhaus «Magasin» liegt gleich gegenüber. Und dem «Staatlichen Museum für Kunst» schreibt man Sollzahlen für Publikum und Popularität vor. Man kann die Listen selbst weiterführen, tägliches Zeitungslesen bringt tägliche Beispiele.

Wie wäre es, wenn das Königliche Theater jährlich nur drei entscheidend wichtige Stücke spielte, die wenigen Male, wo sich ein Publikum dafür einfindet? Der Kunst täte man sicher einen guten Dienst. Der kulturelle Warenhausumsatz dagegen sähe etwas tiefer aus, aber wäre es nicht besser für uns, wenn wir wissen worum es geht?

Und sollte das grosse Kunstmuseum nicht vor allen Dingen ein Ort sein, an dem man für die Aufrechterhaltung eines hohen Standards und der Seriosität sorgt? Wo man aus eigenem Antrieb erscheint und nicht aus Zwang. Nicht weil man hineingelockt wird. Würde nicht gerade ein solches Angebot sich für eine demokratische Gesellschaft ziemen? Und seine Berechtigung mehr als angemessen dadurch erhalten, dass das Leben eines einzigen Menschen durch die Begegnung mit einem Kunstwerk aus dieser Sammlung entscheidend verändert werden kann?

Was mich am meisten überrascht hat, ist dass kein einziger Museumsmensch – jedenfalls nicht öffentlich und unüberhörbar – gegen diese Plattheit protestiert hat. Was mein eigenes kleines Ressort betrifft, werde ich mich gegen diese kulturelle Anpassung wehren. Daher ist es auch für mich so wichtig, hinter diese kulturell angepassten Erklärungen, die ich über die Backsteine in Aars so oft wiederholt habe, einen Blick zu werfen.

Nicht etwa weil ich die grossen Lösungen auf den Tisch werfen könnte. Ich glaube allerdings, der einzige Ausweg, die einzige

Fluchtmöglichkeit aus dieser kulturellen Anpassung, befindet sich im «Einzelnen», in der «einzelnen Person». Es ist wichtig, diese nicht sehr gebrauchsfertige Grösse beizubehalten, um die Tatsache zu unterstreichen, dass wir uns auf einem anderen Feld bewegen, als jenem, wo Individualismus eine sinnvolle – und oft furchterregende – Bezeichnung ist.

Ein Kunstwerk verhält sich zum Einzelnen allein. (Ich habe echte sprachliche Probleme mit diesem «Einzelnen» – abgesehen von all dem anderen, das ich auf mich genommen habe, ohne einen Überblick zu haben – ein Wörterbuch hat hier keine Chance, aber Kierkegaard vielleicht.) Ich glaube, der Künstler, der sich nicht von seinen kulturell angepassten Argumenten korrumpieren lassen will, der muss sie aufgeben. Sie bauen sich nämlich immer wieder auf, als seien es Verkaufsargumente, notwendige Wörter, um die Sache durchzuführen. Und das ist auch gut, ein angemessener und gesunder Pragmatismus, wenn man nur nicht anfängt, daran zu glauben. Glaubt man diesen Argumenten, besteht die Gefahr, dass man das Gespür für die Sinnlosigkeit des Kunstmachens verliert. Man verdeckt das schwarze Loch der Verzweiflung mit einer Vorstellung von irgend einem Nutzen.

Was ist das nun, was *ich* hier im Hinterhof des Gymnasiums aufgestellt habe? Es ist der Ausdruck eines völlig unangemessenen und irrsinnigen Dranges, mit diesen Zirkeln und Quadraten und Löchern und Massen umzugehen. Wie hechelnde Hunde sind sie mir ständig auf den Fersen. (Ich weiss allerdings, dass Palle Rönde eine Spur gefunden hat: Seine zahlreichen Beiträge in Jahresschriften und Katalogen mögen, aufgrund ihrer vielen Hinweise, dem einen oder anderen übertrieben scheinen, ich glaube aber, dass Palle in der Tat mehr Mut besessen hat mit seinem Versuch, daran festzuhalten, worum es wirklich geht, als ich in vielen öffentlichen Situationen es für opportun gehalten habe.) Das ist es also: dass es für mich wichtig ist zu betonen, dass ich eher von merkwürdigen, und nicht unbedingt guten und freundlichen Gelüsten als treibender Kraft rede.

Und dass es auch nicht um eine Verschönerung der Stadt Aars geht oder um eine neue Hoffnung für die Menschheit in diesem Provinznest, muss ebenfalls erwähnt werden. Meine Verbindung zu diesem Ort, der Grund warum all diese Sachen hier herumstehen, liegt in meinem Kontakt zu Einzelpersonen: Palle, Villy, Peter, Jacques, Eilif usw. Dies ist ziemlich wichtig, denn diese Verpflichtung ist ganz anderer Natur als die etwas zynische Relation, die ein Verhältnis zu einer Institution mit sich bringt.

Man kann aber noch immer auf den Backsteinen sitzen, wenn die Sonne scheint, und nachts kann die Kuppel sich drehen und sich öffnen und die Sterne einfangen, und alles sieht besser aus als vorher. Deshalb bitte ich, mich und meine Qualen und die weniger guten Gedanken doch zu vergessen.

Die Sache mit dem grossen schwarzen Monster auf der Vorderseite sieht dagegen ganz anders aus. Irgendwie passt es nur zu gut zu dem, was ich zu sagen versucht habe. Zunächst dementiert es nämlich all die guten Argumente, die ich im Laufe der Zeit für die Backsteine auf die Waagschale gelegt habe: In seiner Ausführung ist es nicht im geringsten anonym, es ist aufdringlich, scheint eine Art Botschaft zu haben, sein Standort ist anmassend und gar nicht organisch gewachsen. Eines Tages kam es an und stand da.

Deutlicher lassen sich die eigenen Vorstellungen von Kunst im öffentlichen Raum kaum dementieren. Ich habe nicht das Geringste zu seiner Verteidigung vorzutragen. Es ist eine Gemeinheit.

Mein einziger Trost ist die Tatsache, dass es eine sehr riskante Gemeinheit ist. Daran ist nichts Selbstgefälliges. Was natürlich nichts an der grundlegenden Frage ändert: Kann man anderen Menschen das aufzwingen? Und sich nicht mit Museen und ähnlichen Orten begnügen, wo die Leute freiwillig hineingehen, um sich die Scheisse anzusehen? Und jetzt zur «Wand».

Vielleicht ist das mit der «Wand» eine Art Entschuldigung. Aber das ist ein dünnes Argument, so wie die Skulptur selbst, im wahrsten Sinne des Wortes. Sie ist eine dünne Wand.

Das ist auch eines der Risiken, die ich andeutete: das Verhältnis zur Wand. Das andere geht um Sentimentalität.

Zunächst die Wand. Eine meiner fixen Ideen besteht darin, dass alle Skulpturen unseres Kulturkreises ein Verhältnis zu einer Wand haben. Dass Skulpturen fast immer vor einer Wand stehen (deshalb ist das Thorvaldsen-Museum als Bildhauermuseum so genial), oder sogar in der Wand, in dazu konstruierten Nischen. Nischenskulpturen können daher eine hohle Rückseite haben und aussehen wie halb, wenn sie nach vorne gerückt werden. Skulpturen, die von der Wand weggerückt sind, oder ganz frei stehen, erschaffen aus sich selbst eine Ersatzmauer, eine imaginäre Mauer, die einen neuen Ausgangspunkt bildet. Diese mehr oder weniger reale Wand versuche ich in meinen Bronzeskulpturen einzuarbeiten, indem ich die Skulpturen reliefartig flach mache und sie immer mit einer Rückseite versehe. Die Backsteingeschichten ihrerseits besitzen schon durch das Material selbst eine Wand oder Mauer, und das macht unter anderem das Arbeiten mit ihnen so befreiend (trotz der genannten Qualen). Die Bronzen dagegen sind ein ständiger Kampf. Es hilft, wenn ich sie in der Nähe einer Wand aufstellen kann oder zumindest in einem Raum. Vielleicht ist die Bedeutung dieser Wand ganz einfach, dass etwas vorhanden ist, woran man sich halten und wozu man sich verhalten kann, statt ein völlig freies Schweben, wo alles möglich und deshalb gar nichts ist.

So, wie das grosse schwarze Ding nun dasteht, gibt es nicht sehr viel, wozu man sich verhalten könnte. Die Skulptur ist nicht für diesen Ort geschaffen worden (ganz im Gegensatz zu den Backsteinen, die immer für bestimmte Orte gemacht sind), allerdings habe ich die Plazierung gewählt. Solange ich daran arbeitete, haben mich ihre Ausmasse beunruhigt. Je grösser sie wurde, desto weniger Zweifel gab es jedoch, dass zumindest die Vorstellung von einer Wand immer deutlicher wurde – und um so dünner wurde sie, um die Sache auf den Punkt zu bringen. Wie sie nun dasteht, bildet sie vielleicht ein schwarzes Loch in dieser sonderbaren, gewöhnlichen Landschaft mit Parkplatz und so weiter.

Vielleicht ist es auch ein grosses Relief, das auf die Strasse gestellt wurde. Kann man aber sehen, was da vor sich geht? Ist es nicht irgendwie halbwegs verschluckt oder nur halb ausgesprochen?

Andeutungen bergen immer auch Sentimentalitäten. Das tut alle Kunst naturgemäss. Das Problem besteht eher darin, inwieweit sie zu Kitsch wird. Oder vielleicht: wie gross der Kitschanteil eines Kunstwerks sein darf. Oder vielleicht auch, wo die Ursache liegt, dass unumgängliche Sentimentalität zu unerträglichem Kitsch wird. Ich bin mir da nicht so sicher. In dieser Angelegenheit befinde ich mich total auf dem Glatteis. Nicht, dass ich nicht an die fertige Skulptur glaube, aber auch ein fertiges und abgeschlossenes Werk bereitet schliesslich Probleme und nicht nur eine Lösung. Es ist ja kein Hochspannungsmast.

In dem, was sich hier ahnungsvoll abspielt, schwingt ein sentimentaler Unterton mit. Ich weiss sehr genau, was es ist. In der Art des Ausdrucks steckt ein Element von Kitsch, mit Echos aus klassischen und klassizistischen Bildgrössen. Die Unentschlossenheit im Verhältnis zu den zwei Komponenten wird die Türen öffnen und zu einer unglücklichen Kitsch-Variante und zu geschmackvollen Gewöhnlichkeiten führen.

Das ist weniger gut, und es liegt nicht an mir allein, zu beurteilen, ob es mir gelungen ist, daran vorbeizukommen. Ich hoffe aber, dass es nicht ganz so schlimm ist. Ich habe schliesslich die Mauer mit einer gewissen Festigkeit und Methode aufgemauert. Und bewegt man sich nur ein wenig zur Seite, wird der Platz zu einem dünnen Strich. Das verhindert die grössten Unglücksfälle.

Es gibt jene, die behaupten, man könne gar nichts sehen, wenn das Licht winterlich tief steht. Das ist ein Trost. Und damit überlasse ich Aars mein «Problem».

Danke.

Rede im Kunstindustrie-Museum in Kopenhagen

anlässlich der Verleihung des grossen Preises der dänischen Akademie an Peter Laugesen, 27.11.92

Lässt man sich in eine Institution wie die dänische Akademie hineinwählen, dann geschieht das natürlich aus persönlicher Eitelkeit: Man ist tatsächlich so gut, dass man zu den Auserwählten gehört. Für meine Generation jedoch sind Zweifel und ein schlechtes Gewissen natürliche Begleiterscheinungen. Man hat schliesslich einen Grossteil seines Lebens damit verbracht, Institutionen als ein Übel zu betrachten, und diejenigen, die dort hineinpassten, waren alte, reaktionäre Arschlöcher. Auch wenn sie sich als ganz anständige Menschen herausstellen sollten, verstanden sie nicht das geringste von dem, das nur wir zu verstehen in der Lage waren.

Daher entwickelt man Gründe, um sich dennoch vom Flüstern der Eitelkeit locken zu lassen. Ein Grund ist biologischer Natur: die altersbedingte Pflicht, soviel Konservatismus auf sich zu nehmen, um einzusehen, dass das Gewöhnliche das wirklich Radikale ist, im Gegensatz zum jugendlichen Drang nach dem Aussergewöhnlichen. Oder man entdeckt, dass in Wirklichkeit alles auf ein und dasselbe herauskommt, wenn etwas wirklich existentiell ist. Dass die Entdeckung des Direkten und Elementaren die Jugendlichen so erregt, dass sie sich in aufsehenerregende Kleider und hohe Hüte und Überbauten einhüllen müssen. Ist einem ein Licht aufgegangen, trägt man gern seine Kerze zur Schau. Es kommt immer noch eine Zeit für Krawatten, business-class und Akademien.

Ein anderer und vernünftigerer Grund wäre, dass man sich einbildet, sozusagen als eine Mandatträger dort zu sitzen. Man repräsentiert gewisse Haltungen und vertritt für die anderen (zum Grossteil) angeblich unverständliche und unterdrückte Qualitäten, die man verteidigen möchte. Das ist natürlich ein Mummenschanz, hält einen aber aufrecht.

Einer meiner persönlichen Gründe, in der Akademie zu sitzen, ist, dass Peter Laugesen den grossen Batzen erhalten soll. Endlich ist es soweit. Es ist mehr mein Problem als das seine. Der heilige Mann aus Aarhus kann das Geld sehr gut gebrauchen. Ich selbst habe aber den Mut nicht verloren. Vor allem geht es mir um Peter, aber es gibt noch andere frische, junge Leute, die direkt an seinen Fersen hängen. Meines Erachtens hat Peter zu lange warten müssen, jetzt bemerke ich aber zu meiner Überraschung, dass die jungen Leute längst 50 sind, bevor sie möglicherweise an die Reihe kommen. Und dann haben wir den Schlamassel. Ich bin schliesslich auch nicht mehr das jüngste Mitglied.

Mein zehnjähriges «Karthago» hat aufgehört. Und Peter ist 50 geworden. Da tut eine kleine Auszeichnung gut. Das schützt gegen Dinge, wie: Hochmut der Genügsamkeit, Tyrannei des Verzichts, kalter Schweiss der Selbstgefälligkeit, die Bartstoppeln der falschen Weisheit.

Peter Laugesen und ich kommen aus der gleichen Ecke: dem grossen Bruch Anfang der Sechziger, den man meiner Meinung nach am besten mit dem Ausdruck «Minimalismus» bezeichnet. Es war ein Bruch, ein gewaltiges Aufräumen, ein Fortreissen der Tischdecke mit diesem ganzen opulenten Gedeck von vornehmem Tingeltangel, und es ging weiter, über das Abschleifen der Tischplatte bis zum Abhobeln des Fussbodens. Es waren lustige und harte Zeiten, wo man beim Warten auf Malewitsch Frost in den Fingern bekam. Die Befreiung von einem Ladengeschäft, dessen Angebote aus leeren Bewegungen, gestischem Wiehern und zerschlissenen Metaphern bestanden hatten. Wir mussten den ganzen Scheiss hinter uns lassen und zurückfinden an einen Ort, der elementar und wirklich war.

War einem erst ein Licht aufgegangen, entstand das Paradox, dass die kollektive Begeisterung diese Botschaft des kleinen Haufens ausbreiten und in einer Orgie von theoretischen Betrachtungen auslegen musste. Auf die übliche, jugendliche Weise wurde das ganz Einfache – das immer das Revolutionärste ist, etwas, das ständig wiederholt werden muss – aufgefüllt mit zustimmenden und oft unverständlichen Schriften. Dahinter lag das Erlebnis, eine Einsicht in das Einfache und Direkte gefunden zu haben, ein Traum vom reinsten Reinen. Gleichzeitig und eigentlich als Ableitung war man sich einig über das sozusagen Unechte der verfügbaren Mittel, durch die man diese Einsicht ausdrücken konnte. Die Volksausgabe dieser Ansichten war die Beschäftigung mit Systemen, die Spiel-Situation, der Haltungsrelativismus.

Peter Laugesen schrieb ein Buch mit dem Titel «Schrift», und seitdem ist etwas «Schrifttheoretisches» an ihm hängengeblieben. Im Sinne von schwer zugänglich, theoretisch und exklusiv. Er ist jedoch im Gegenteil einfach und direkt. Trivial ist er. In «Indianer Joes Wasserschüssel» bin ich über folgende Kleinigkeit gestolpert:

Die Schrift an der Wand
Das Bild in der Schublade
Das Buch im Regal
Der Laden überall
Vergessen in der Stube
Neue Fenster für die Seele

Da steht alles, man braucht nichts zu interpretieren. «Das Bild in der Schublade» ist ein wichtiger Teil im Gepäck von Peter Laugesen. Er beruft sich ungewöhnlich oft auf die bildende Kunst. Bis tief in das sprachlose, stoffliche Denken hinein. In diesem Punkt unterscheidet er sich radikal von fast allen dänischen Dichtern. Seine Poetik basiert charakteristischerweise auf dem Fundament der bildenden Kunst. «Kunstgeschichten» heisst ein Buch aus dem letzten Jahr.

Anstatt traditionellerweise tief Atem zu holen und mit grosser Innerlichkeit in ausgelaugten Metaphern herumzuschlittern, um eine Poetik zu entwerfen, benutzt Laugesen eine konkrete und stoffliche «Innenheit» (eine schreckliche Neubildung), die er mit der Bildkunst teilt. Bei ihm herrscht ein ganz anderes Verständnis für Bilder als man es sonst bei dänischen Dichtern findet. Ein «innerliches» Verständnis, nicht das gängige illustrative, auch nicht ein konzeptuelles, theoretisches, mit dem die schlausten Köpfe sich schmücken. Die meisten dänischen Kunsthistoriker und Kritiker entsprechen diesem Durchschnitt, und deshalb wundert es nicht, dass Laugesen vielleicht der eindringlichste Kunstkritiker unserer Zeit ist.

Die eigentliche Qualität der bildenden Kunst entzieht sich einer normalsprachlichen Ausdrucksweise und das kann quälend sein. Rein materiell aber ist sie verständlich. Die Poesie hat dasselbe Problem, aber das drückt sich im sprachlichen Medium aus. Das ist kaum zu verstehen. Das heisst, auf diese Weise kann man es nicht verstehen.

Laugesen hat sich im Umkreis dieses Problems von Verständlichkeit/Unerklärlichkeit einiger Tricks bedient, die es auch in der modernen Malkunst gibt: die Betonung des «Materiellen» oder «Stofflichen»; dazu hilft er sich mit einem beharrlichen, unterminierenden Abgleiten ins Triviale.

Man muss sich ständig vor Augen halten, dass das Geschriebene und Gedruckte ganz konkret das ist, was es ist: Papier, Druckfarbe, die dem Typographen angeborene Vorstellung des Handfesten, welche gewisse Freiheiten zulässt. Sowie eine mögliche neue Gebundenheit oder Verpflichtung. Wie die Farbe in der modernen Tradition, die ihre eigene, ständig sich ändernde Natur erhielt, indem sie als etwas ausschliesslich Materielles betrachtet wurde. Über eine konventionelle – «sprachliche» – Natur hinausweisend. Laugesen benutzt den gleichen Trick und gibt dem Geschriebenen etwas, das von der konventionellen Lesart völlig abweicht.

Vielleicht ist das von mir nicht sehr elegant formuliert. Aber es ist gut gemeint. Es gibt auch Präzedenzfälle. Vielleicht ist diese Ansicht sogar allgemein weit verbreitet, sicher gilt sie für jegliche markante Poesie, aber so geht es, wenn man etwas über etwas zu sagen versucht. Das Spezifische schlägt um in das Allgemeine. Und wird verwundbar. Laugesen ist nicht der einzige Held.

In seinem Buch «Kunstgeschichten» zählt er eine ganze Reihe seiner Helden auf. Sie sind schräg und wahnsinnig, sehr Art brut. Artaud und die Situationisten. Der unverkäufliche Jorn und seine Ahnen. Da sind Chlebnikow und Malewitsch. Die ganze amerikanische Bande, Kerouac, Charles Olson, Ginsberg, Pollock. Wols und John Cage. Burroughs und all die anderen Punks. Hier ahnt man eine weit über das Dänische hinausgehende Haltung. Weit weg von der sich selbst versorgenden dänischen Dichterwelt, wo sich zwar hin und wieder die eine oder andere neue Wurzel zeigt, aber immer in dieser besonderen domestizierten Ausgabe. Weit entfernt von Laugesens permanent brennendem Feuerzeug. Brandmale am Daumen.

Der zweite der erwähnten Tricks war das Gleiten ins Triviale: dieses Gleiten in Laugesens Texten vom Trivialen und Banalen hin zum «Höchsten» oder «Tiefsten», oder wie wir solche Dinge auch immer benennen mögen. Und wieder zurück, nur andersherum. Oder mittendurch. Ähnlich wie bei jenem Teil des Minimalismus, der Pop Art genannt worden ist, und der plötzlich das Tor zu einer Welt von Trivialbildern öffnete, mit der die meisten von uns aufgewachsen waren. Für die es jedoch keinen Platz gegeben hatte, als wir anfingen, uns auf unserer künstlerischen Bahn voranzutasten. Sie waren nicht vornehm genug. Eine leere, «abstrakte» gestische Malerei oder der Tradition verhaftete Stilleben herrschten vor. Da war kein Platz für diesen wichtigen Teil, der auf das stützte, was man erlebt und in dem man gelebt hatte und von dem man geprägt war. Da war die Pop Art eine gewaltige Öffnung.

Laugesens Ansatz ist nicht so sehr der kühle, formale Umgang der Pop Art mit den Trivialbildern, sondern ein viel umfassenderer Begriff des «Trivialen». Darauf geht auch ein Teil der Probleme mit seiner «Anerkennung» zurück. Kann man das überhaupt ernst nehmen, ist das nicht einfach zu albern? Hier heisst es dann üblicherweise, «selbstverständlich gibt es hier und da ein paar gute Gedichte, aber auch sehr viel Geschwafel und Albernheiten». Was soll man mit solchen Strophen anfangen:

> Peter und Paul der Avantgarde
> graben los mit je einer Schaufel
> im lockeren Sand der Erinnerung
> mit je einem Künstlereimer.
> Das Künstlerleben ist so schön
> halbwegs Dienst und doppelt Schnaps

Ja, der Qualitätsbeweis fällt hier nicht leicht. So für sich gesehen ist das Gedicht nicht besonders gut, und ausserdem ist es aus dem Zusammenhang gerissen. Es ist aber auf eine so alberne Weise dumm, dass man es vorlegen muss, um zu beweisen, dass solches von der Rungstedlund-Akademie belohnt wird.

Im grösseren Werkzusammenhang gesehen werden hier natürlich die üblichen Paradoxien heraufbeschworen: kein Ernst ohne Unsinn, keine Einsicht ohne Sentimentalität. Sentimentalität ist der Kraftstoff jedes Kunstwerks. Es funktioniert aber nur, wenn sie eine leichte Ausdünstung von Kitsch erhält. Wird die Sentimentalität zu Vornehmheit und Noblesse, kann man sie vergessen.

Peter Laugesen schreibt heute so völlig klar und voller Humor, dass die Frage naheliegt, warum der Mann noch immer hungernd und zumeist ungelesen in Aarhus und dessen furchtbarer Umgebung herumläuft. Das tut er – glaube ich – weil dieses seltsam demokratische Land ein sogenanntes «Kulturleben» erhalten hat. Ein solches hat bekanntlich nichts mit Kunst zu tun, sondern ist eher ihr Unterdrücker. Das kulturelle Leben besteht unter anderem aus Vermittlung von angeblich schwierig zugänglicher Kunst. Doch Vermittlung ist immer undeutlich und voller Umwege und Entschuldigungen. Und im Nu glauben alle, dass Kunst auch so sein soll, und es tauchen eine Menge Künstler auf, die sich bemühen, so zu schreiben und zu malen, dass eine Chance nach

Vermittlung besteht. Inzwischen sind diese unmöglichen Künstler längst vergessen, die nur peinliches und unsinniges Zeug über alltägliches Allerlei schreiben. Laugesen zitiert selbst aus einem autobiographischen Gedicht Pasolinis:

> «Ich sage dieses
> ohne jede Spur von Poesie
> damit Ihr mich nicht lest
> wie man einen Dichter liest.»

Dann ist da noch die Sache mit dem ungelesenen Dichter. So etwas wie einen ungelesenen Dichter gibt es nicht. «Das Kulturelle» ist ausserdem ein Meister der Verdrehung des Demokratischen, so wie die Vorstellung von der «Verbreitung» sich ausgebreitet hat. Verkaufszahlen, Besucherzahlen – das ist der Massstab des «Kulturellen».

Ist man noch ein täglicher Zeitungsleser, dann weiss man auch, dass diese staatliche kulturelle Ideologie nicht länger eine im Hintergrund verborgene Strömung ist. Das Königliche Theater hat einen noch effektiveren juristischen Kopf bekommen, dessen Ziel es ist, das Theatererlebnis zum munteren Abschluss eines Shoppings im Stadtzentrum zu machen. Das staatliche Kunstmuseum hat sich zu einer bestimmten Mindestbesuchszahl verpflichten müssen, um Anrecht auf staatliche Gelder zu bekommen.

Das ist die totale Pervertierung einer echten demokratischen Vorstellung von Qualität und des absoluten Glaubens an das Individuum. Es ist ein Komplott, auf das ich hier nicht näher eingehen will. Ein Komplott aber, das nicht vom Erfolg gekrönt sein wird, denn überall hockt der eine oder andere Peter Laugesen. Und sie sind unentbehrlich.

Wie Laugesen selbst sagt, in seinem Gedicht «Unentbehrlich»:

Wenn ich nicht hier wäre
wer sollte sonst prüfen
ob das Halsband des Kaninchens
zu straff ist?

Deshalb ist es auch richtig, dass Du jetzt den grossen Preis der Akademie erhältst. Auch für die Akademie ist es richtig. Und Du hast ihn verdient. Das ist keine automatische Beförderung (auch wenn es manchmal so aussieht), und es sind auch nicht die goldenen Lorbeeren der Popularität. Es ist der Preis einer Akademie, die nur sich selbst verpflichtet und ausserdem arrogant genug ist, sich auf keine andere Berechtigung zu berufen, als ihren Willen, gerade einen Künstler wie Dich schützen zu können, wie weit Du Dich auch unter dem kulturellen Teppich verborgen hältst. Und den Betrag, den wir Dir jetzt übergeben, ist trotz seines Ursprungs noch nicht mit der Forderung nach einer zahlreichen und messbaren Leserschaft verbunden. Wir glauben, Du hast viele Leser, und sei es auch nur ein einziger.

Herzlichen Glückwunsch.

Leseabend

Statement in der «Ny Carlsberg Glyptotek», 20.11.93

In einigen der Pressenotizen, die dieser Art von Veranstaltungen in Zeitungen gewidmet sind, werde ich «der selten Auftretende» genannt. Eine Beschreibung, die in vielerlei Hinsicht richtig ist, die aber in einem bestimmten Punkt etwas ungenau ist. Geht es nämlich um das Lesen aus eigenen Werke, dann bin ich praktisch «der niemals Auftretende». Ich habe noch nie aus meinen eigenen Werken öffentlich vorgelesen.

Das liegt daran, dass ich schüchtern bin, eine schlechte Stimme habe, über die Worte stolpere – es gibt ganz normale Wörter, die ich gar nicht aussprechen kann, vor allem liegt es aber daran, dass ich glaube, man sollte Gedichte nicht vorlesen. Und lasse ich mich dennoch mal überreden, dann geschieht das natürlich aus Eitelkeit. Der übersehene Dichter als Stellvertreter des bekannten Malers. So gesehen ist Eitelkeit ein Fass ohne Boden. Dass die Eitelkeit etwas befriedigt wird, liegt an der Anwesenheit von zwei hervorragenden jüngeren Kollegen. Beide sind sie sehr dünn, werden in Rezensionen aber als «Schwergewichte» bezeichnet. Was für jemanden, der den Sportseiten der Presse mehr Interesse entgegenzubringen pflegt als dem Kulturteil, natürlich schwer zu verstehen ist. Es muss wohl daher von völlig verschiedenen metrischen Systemen die Rede sein.

Der Grund für meine Ansicht, dass Gedichte nicht vorgelesen werden sollten, liegt darin, dass ich sie anders betrachte. Ich blicke hinauf und hinunter, von einer Seite zur andren, um alle Seiten herum und in alle Richtungen. Poesie ist getrennt von einer folgerichtigen Kausalität, abgeleitet aus einem gleichmässigen Vorwärtsschreiten durch Raum und Zeit. Gedichte sind für mich Tafeln mit Piktogrammen.

Poesie steht für das, was man sich sonst nicht zu sagen getraut. Die zentralen Erlebnisse, die sich leer anhören würden, wenn man versuchte, sie sprachlich auszudrücken. Jeder kennt das. Poesie ist also ein paradoxer Versuch, diesen Momenten durch Sprache dennoch zu einem Platz zu verhelfen. Und so durch die Sprache über die Sprache hinauszugelangen. Man kann vielleicht sagen, ein Versuch, die Sprache zum Stillstand zu bringen. Genau das aber wird durch das Vorlesen verraten. Man hüllt die ganze Geschichte in die Sprache ein und dehnt sie durch die Dauer des Vortrags zu einer dünnen Wurst aus.

Es gibt zwei Hauptmethoden von Sprach-Entziehung durch die Poesie. Die eine ist erhaben, sie besitzt Rhythmus und Musikalität, feurige Bilder, sprachliches Dunkel … das ist die melodramatische Möglichkeit. Und dann gibt es die platte Möglichkeit. Da wird die Sprache nachdenklicher bis zum Plauderton, zu Postulaten und Beobachtungen, die in seriöseren Genres überhaupt keine Chance hätten. Diese Art von Poesie bedient sich in hohem Mass mit Kitsch und Sentimentalität. Die Gefahr dieser Methode liegt in der Ironie.

Ich hatte vor, für diesen Anlass aus meinem Werk etwas platte Poesie auszuwählen. Das dürfte nicht schwierig sein. Als erste

Behinderung musste ich feststellen, dass ich nicht mehr im Besitz meiner eigenen Bücher bin. Dann fand ich doch noch «Maletid» (Malzeit) von 1989 und dachte, das ist ein Fingerzeig des Schicksals. Darin sollte ich also für heute abend etwas Plattes finden. Doch leider gab es nicht so viel Plattes. Ob es gut ist, ist eine andere Frage, aber an Plattheit als programmatisch positive Eigenschaft gab es da nicht viel zu holen.

Na ja, ich zeige Ihnen mal den Umschlag, mit beiden Klappen. Echte Lithographie, handgedruckt und alles. Ein Buch, das eine Borum-Rezension erhalten könnte mit folgendem Grundton: Kaufen Sie Per Kirkebys neuesten Gedichtband, öffnen Sie das Buch und entfernen Sie mit einem scharfen Messer vorsichtig den Buchblock. Schmeissen Sie den Buchblock weg (Sie können versuchen, vorher den Text zu lesen), geben Sie den Umschlag zum Einrahmen, und Sie haben an Ihrer Wand eine echte Lithographie hängen, für die andere Leute Tausende von Kronen zu bezahlen bereit sind.

Vielleicht ein ganz treffendes Bild für meine poetische Situation. Und ein guter Ausdruck für den Charakter einer Poul-Borum-Rezension.

Rede am «Kunstforeningen» in Kopenhagen

anlässlich der Verleihung des Arthur Köpcke-Preises, 26.11.93

Heute Nacht führte ich ein langes Gespräch mit Addi. In der Beziehung habe ich, verglichen mit denen, die es für völlig verfehlt halten, dass ich den Preis bekomme, der seinen Namen trägt, einen grossen Vorsprung. Es ist schliesslich schwierig, einem Mann zu widersprechen, der in der Nacht den Gaul auf den Mund geküsst hat.

Nach den üblichen Vorwürfen, ich sei viel zu zuvorkommend und hätte im übrigen generell von nichts eine Ahnung, war er doch froh darüber, dass der Preis – der ihm nebenbei total gleichgültig ist, wie er sagte – jedenfalls nicht zu einem Gefäss für einen Stil geworden ist. Eine sonst ewige und unveränderte Fluxus-Avantgarde-Vorstellung. Es ist ja, verdammt noch mal, nie die Frage gewesen, wie etwas aussieht, das heisst, was in so einem Sumpf vor sich geht, und so gesehen kann etwas natürlich einen Anschein haben, aber ein bestimmter Anschein ist natürlich keine Garantie dafür, dass überhaupt etwas vor sich geht.

1963 machte ich zusammen mit Ole Knudsen (Ole, wo bist du jetzt?) den Katalog zur Sommerausstellung. Die Hauptattraktion war ein Artikel von Addi mit dem Titel « = die neue wirklichkeit».

Kleingeschrieben. Geprägt durch eine alte Schreibmaschine und Addis gelegentlich gebrochenes Dänisch. Wir druckten das Manuskript wie es war, mit Korrekturen und allem. Am Rand steht an einer Stelle «Ve 5205 u (ulla)», meine erste Telefonnummer. Damals gab es noch Sammelanschlüsse und eine Frauenstimme, die einen vermittelte. Unglaublich. Ein spannender Artikel, der grossen Eindruck auf mich machte (es freut mich auch, dass neuerdings eine deutsche Ausgabe von Addis Texten in Arbeit ist).

Die ersten Zeilen lauten:

«alle Ideen, alle Schöpfungswerke entspringen einer Notwendigkeit, und ihr Wert ist durch ihre Epoche bedingt = alle Ideen existieren als Keimform in der menschlichen Gesellschaft, und einen Gegenbeweis gibt es nicht = der Denker und der Künstler drücken sie aus = »

und später:

«ausserdem: heutzutage schleppt der Künstler ein fast krankhaftes Bedürfnis nach Priorität mit sich herum = mich selbst eingeschlossen = die Interpretation überlasse ich anderen = wir sehen, die Stellungnahme der Kunst besteht letztlich aus der Arbeit mit dem Material (= und ihrer Materie) = hier begegnet die Kunst ihrer einzigen Bedingung und dem so notwendigen «Widerstand» = »

Das konnte man gut lesen und gleichzeitig in Wittgensteins «Tractatus» schauen. Auch wenn ich Addi nicht zu einer Verteidigung meiner heutigen Position missbrauchen will, leuchtet es doch ein, dass da mehr Platz ist, dass eigentlich eine Verpflichtung ausgedrückt wird, sich an einem anderen Ort zu befinden. Addi wäre heute schliesslich auch weit entfernt von dem, was Fluxus genannt wird.

Addi war ja auch – woran zu erinnern in diesen Zeiten nicht ganz abwegig ist – Flüchtling, Asylant, Einwanderer.

Für mich ist das vor allem eine sentimentale Geschichte. Ich liebte Addi. Nicht nur, weil er mich immer beschimpfte – natürlich war das auch ein Grund – sondern auch, weil mich eine unsichtbare Nabelschnur mit gewissen Seiten von Addi verband, die wiederum etwas in mir mobilisierten, was damals im dänischen Milieu recht ungewöhnlich war. Eine Form von Spiel zwischen Intellekt und einer zweifelnden Naivität, das spannungsgeladen ist und viel Kraft erfordert. Wenn man spürte, wie viel Kraft das kostete, dann musste man Addi einfach viel Zärtlichkeit entgegenbringen, auch wenn man einen Anpfiff nach dem anderen über sich ergehen lassen musste. In der Regel völlig grundlos. Diese Zärtlichkeit oder Zuneigung durfte man aber keinesfalls zum Ausdruck bringen. Addi, der in Wirklichkeit viel sentimentaler war als irgend jemand sonst, war total allergisch gegenüber der Sentimentalität von anderen.

Zum Schluss sagte er: Wenn sonst was ist, könnt ihr immer Tut fragen.

Rede im Kunstindustrie-Museum in Kopenhagen

anlässlich der Überreichung des Kjeld Abell-Preises an Lars von Trier und Niels Vörsel, 26.11.93

Die dänische Akademie besteht bekanntlich aus einer Versammlung alter Zwerge, – daher findet dieses Geschenkfest hier kurz vor Weihnachten statt – für welche Comics etwas mit lieben kleinen Jungs zu tun haben, die nicht einschlafen können.

Der Film «Europa» oder «Zentropa», wie er im Ausland heisst, ist, wie die anderen Filme der Trilogie, in vielerlei Hinsicht ohne einen ordentlichen Schuss Sensibilisierung für das Triviale nur schwer zu verstehen. Trivial nicht nur als intellektuelle Disziplin oder ästhetisches Spielzeug, sondern als eine richtige, natürliche Infektion des Blutplasmas. Als Gefühl für das Rutschen, für die Ober- und Untertöne, und für das Unausgesprochene, das eine andere Bildung darstellt als die klassische. Daher ist «Europa» in diesem Land nie so geschätzt worden wie im Ausland. Für die neuen und schlauen Philosophen in Slowenien und die Hipsters in Santa Fe, New Mexico, ist «Zentropa» ein ganz natürlicher Hinweis, so wie Dreyers «Jeanne D'Arc», Fritz Langs «M» usw. Hier bei uns hat es immer eine unterschwellige Tendenz gegeben, den Film nicht ernst zu nehmen, oder genauer ausgedrückt, ihn auf die dänische Art ernst zu nehmen, was heisst, dass man ihm vorwirft, keine Tiefe zu besitzen, keine solide Personenschilderung und so weiter, in der Tonart. All die braven Verfilmungen von Büchern anderer oder «guter» Manuskripte.

Die Akademie der Zwerge ist – gottlob – keine Filmakademie, und wir sind nicht hier, um dem Filmkunstwerk unsere Reverenz zu erweisen. In diesem Fall gäbe es auch nicht sehr vieles, das eine Würdigung wert wäre. Nur unendlich wenig Filme lassen sich als Kunstwerke bezeichnen. Und diejenigen, die Kunstwerke sind, sehen natürlich nie aus wie ein «Kunstwerk». «Zentropa» gehört zu dieser sehr kleinen Gruppe echter Kunstwerke und zwar unter anderem wegen des Charakters der Manuskriptbearbeitung. Und das ist der Anlass, warum wir den beiden Autoren des Filmmanuskripts, Lars von Trier und Niels Vörsel, «von Kjeld Abell» eine Gabe zu überreichen haben. Niels, das passt zum Sommerhaus.

Was an ihrem Manuskript anders und besonders ist: Es ist sicher keine Veröffentlichung wert. Nicht wie das übliche Prozedere: ein kultivierter, mittelmässiger Film und ein literarisches Manuskript, beide nacheinander im Verlag Gyldendal publiziert. Die Arbeit von Niels und Lars bestand aus einem «Herbeidenken» des Films, es ist kein übersetzbares, literarisches Werk. Sogar die Sprache entsteht eher in Sprechblasen und ähnlichen Piktogrammen. Der ganze Film ist gedacht und heraufbeschworen zu einer Künstlichkeit, die jedes neue Kunstwerk erst etablieren muss. Für das visuelle Kunstwerk ist es besonders notwendig, aber auch besonders schwierig, eine festgelegte Vorstellung des Natürlichen zu überschreiten. Die Umrisslinie einer Figur oder eines Bergcs lässt sich unmittelbar zeichnen und ablesen, auch wenn eine solche Linie in Wirklichkeit gar nicht existiert. Und bei den mechanisierten Bildern ist dieses Problem natürlich ganz heikel. Eine Filmkamera ist der Inbegriff für langweilige visuelle Vorurteile.

Diese haben in diesen aufgerüsteten Boxen ihren festen Platz. Und das Problem wird eben nicht dadurch gelöst, wie das scheinbar das «Künstlerische» gebietet, dass die Bilder sozusagen betont werden mit Schleiern und schiefen Kamerawinkeln, so dass alles aussieht wie schlechte abstrakte Kunst (wieder einmal ist der Zug hoffnungslos abgefahren, aber das dänische Publikum mag das und befindet sich immer knapp dahinter), auch nicht in der pathetischen, symbolträchtigen Überladung des Bildes (das wieder Erfolg hat bei einem schmalen Publikum, das sich schmeichelt, alle Hinweise zu erkennen). Der Trick von Niels und Lars besteht darin, dass sie sich völlig über das Problem hinwegsetzen, indem sie das Medium als die künstliche Maschine betrachten, das es ist. Und sie lassen sich nicht von dümmlichen Vorstellungen von Natürlichkeit unter Druck setzen. Es ist ein Comic. Und das Medium wird zu einem Stück Papier. Etwas Elementares, auf dem du mit simpelsten Mitteln was auch immer hervorbringen kannst.

Das ist schwieriger als es sich anhört, man – in vielen Fällen sind das wir alle – glaubt allmählich, die Welt sehe aus wie auf Kodak-Color-Bildern und wie in Mainstream-Filmen. Kann man darüber hinaus jedoch mit dieser Meta-Wirklichkeit als Zugang zu einer Wirklichkeit spielen, die also wie etwas anderes aussieht, wie eine Art spielerischer und geniessender Zusammenbruch der normalen Bilder, und dadurch ihre wahre Natur entlarvt – die also ganz künstlich aussieht – dann beginnt es, interessant zu werden.

Es hat mich nie im geringsten irritiert, dass nicht grundsätzlich dänisch gesprochen wird. Das wird es in der Tat nur selten. Für eine dänische Subventionsregelung ist das (noch immer?) ein Problem. Auch wenn man nicht sehr gross ist, kann man ein Gedächtnis wie ein Elefant haben. Das Gedächtnis eines Elefanten besteht aus eingebildeten Beleidigungen und Animositäten und sieht überall Verschwörungen. Darin liegt natürlich eine gewisse treibende Kraft, die es überhaupt in sogenannten negativen Gefühlen gibt, eine künstlerische Treibkraft. Aber gerade das Elefantengedächtnis kann durch seine Fähigkeit, falsche Konflikte aufzubauen, paradoxerweise zu einem Plädoyer gegen richtige Konflikte werden, die weh tun und eine Einsicht erzwingen, dass man einen Mist gebaut hat. Jeder Künstler weiss schliesslich, dass man davon am meisten macht – Mist. Es ist aber einfacher, auf dem Topf zu sitzen und sich über etwas oder jemanden schwarz und blau zu ärgern. Mit diesem sicher unverständlichen und unzumutbaren Gerede über Toleranz gegenüber anderen und Intoleranz gegenüber sich selbst möchte ich Niels und Lars meinen Glückwunsch aussprechen.

Grönland

Rede im Aarhuser Kunstmuseum zur Eröffnung der Ausstellung «Aron/Kirkeby – Grönlandbilder», 27.11.93

Vor einigen Wochen traf ich meinen alten Chef der «Grönland Geologische Untersuchungen», Ellitsgaard-Rasmussen. «Bereust Du wirklich nicht, dass Du nicht doch Geologe geworden bist?» kam es mit einem trockenen Tick. Woraus ersichtlich ist, dass man einem Ironiker gegenübersteht. Oder bereue ich es etwa doch, war es vielleicht das, was er meinte?

Um an unsere gemeinsame Vergangenheit anzuknüpfen erwähnte ich, mit Begeisterung in der Stimme, dass ich gerade in Grönland gewesen war. Von Nanortalik nach Quaanaaq. Mit der ganzen Familie. «Ich bin froh, dass ich mit diesem Land abgeschlossen habe!» teilte mir der alte Chef mit, der jetzt auf der Insel Mön lebt. «Dort gibt es einfach zu viele Berge.»

Vielleicht ist das mein springender Punkt. Ich bin schliesslich ein Kriegskind, eins der eingesperrten, für die Berge nicht Ferien-Alltagskost waren. Ausser einem einzigen Ausflug mit den Jungpfadfindern zur behäbigen Nordmark gleich nördlich von Oslo, hatte ich in der Tat noch nie richtige Berge gesehen, bis ich 1958 als geologischer Assistent nach Grönland kam. Allein schon die Natur der Berge war für mich etwas Exotisches und Abenteuerliches und ist es bis heute geblieben.

Aus eben diesem Grund war es mir möglich, in dieser gebirgsreichen Umgebung eine so naive künstlerische Praxis beizubehalten, wie diese Ausstellung darlegt. Ich kann mich nicht in eine dänische Landschaft setzen und ganz elementar zeichnen. Das ist zu belastet und zu bekannt. Aber dank des abenteuerlichen Glanzes, mit dem Grönland für mich schon immer behaftet gewesen ist, konnte ich mich vor der Aussicht hinsetzen und Bleistift und Wasserfarbe auf Papier bringen, als wäre alles erst gestern gewesen. In Grönland befand ich mich als Künstler in einer anderen Welt, ausserhalb meiner eigenen Zeit.

Auf dieser letzten Reise hatte ich gar keine Pflichten, war nur meinem eigenen Antrieb verpflichtet. Eigentlich ein sonderbares Erlebnis. Sonst war ich in Grönland wegen eines Jobs. Das Zeichnen und die Wasserfarben waren eher etwas nebenbei, ein Hobby, eine Art Überschuss. Und das war kein schlechtes Gefühl. Ich hatte eine Arbeit ausgeführt, die einen Sinn hatte, jedenfalls im normalen System der Gesellschaft gesehen. Und ich brauchte keine Überlegungen anzustellen über die Sinnlosigkeit der Kunst und andere grosse Fragen.

Diesmal war ich Tourist. Und das liess *eine* Frage noch dringlicher werden. Eine Frage, die bei dieser Ausstellung für mich wirklich ein Problem gewesen ist: der Doppeltitel Aron/Kirkeby. Hier im Museum weiss man um meine Bedenken, meine Nervosität, anmassend zu wirken. Ich bin in einem Land, das Aron gehört, Tourist gewesen.

Und schon sind wir wieder bei den Bergen. Es hat dort so viele Berge und so wenig Menschen, ist also der ideale Raum für die Art von *grossen,* naiven und grundlegenden Fragen, die der Bleistift auf dem Papier dem beobachtenden Kopf stellt. Ich habe gelernt, in Peary Land, wo es überhaupt keine Menschen gibt, diese Art Fragen zu stellen. Oder zumindest entwickelten sich Ansätze solcher Fragen, die in meinem Inneren als Keim bereits *existierten,* zu aufdringlichen und unausweichlichen Visionen in dieser menschenleeren Gebirgswelt. Das habe ich in meinem Film «Geologie – ist das eigentlich Wissenschaft?» zu schildern versucht.

Auch wenn für mich all dies lebenswichtig ist, erweist sich dieses Vorhaben vom Gesichtspunkt eines Jägers aus natürlich als abstrakt. Zweifellos gehöre ich daher zu jenen, über die Arqaluk Lynge dichtet:

Sie reisten und reisten
in einem Land, wo sie dachten
dass keine lebenden Menschen
leben oder wohnen konnten,

und was ich tue ist im grossen und ganzen:

Auf der Karte über das Land
zeichnen wir Punkte und Linien
und zeigen, hier sind wir gewesen
und hier sind wir heute.

Aron lebte in diesem Land und schaffte sich seinen Lebensunterhalt mit Hilfe des Landes und des Meeres, bis er in der Mooshütte endete und seine Punkte und Linien setzte. Als Punkte und Linien der Erinnerung. Ohne jegliche Form von Sentimentalität, aber mit einem scharfen und plastischen Auge für die Strukturen und die Beweglichkeit der Landschaft, die für den Jäger lebensnotwendig ist. Die Landschaften habe ich wirklich ausgiebig betrachtet.

Aron habe ich über Eigil Knuth kennengelernt. Eigil ist in vielerlei Hinsicht eine Geistesgrösse, die mehr dem 19. als dem 20. Jahrhundert angehört. Daher ist es kein reiner Zufall, dass er es war, der die Arbeit fortführte, die Rink begonnen hatte. Eigil Knuth hat mit seinen vielen scharfen Beobachtungen der visuellen Mechanik in den Bildern Arons in gewissen Punkten den besten Text über Aron verfasst. Ich bin auch mit Aron Auto gefahren: Vor vielen Jahren traf ich Eigil in Louisiana und fuhr mit ihm in die Stadt. Hinten im Auto lagen alle Aron-Bilder, die Eigil oben in Grönland von einer grossen Grönland-Ausstellung abgeholt hatte. Es war schliesslich sein Aron.

Grönland ist so gross und besteht aus so unendlich vielen Ketten von fernen Gebirgen, dass die Figur des Menschen immer verschwindet oder von der Landschaft einverleibt wird. Das war immer das Faszinierende an den Expeditionen. Damals, als es noch lebensgefährliche Expeditionen gab. Was für diejenigen, die reisten und reisten und Punkte und Linien zeichneten, am offensichtlichsten war. Aber auch die Grönländer sterben.

Meistens allerdings ganz unheroisch. Und dennoch. Es ist irgend etwas an Grönland, das alle einen Schritt über den Abgrund hinaus bringt.

Ich hatte das vergessen. Ich hatte vergessen, wie lebendig ich mich sogar bei ganz unheroischen Handlungen fühlen konnte. Zum Beispiel als wir bei stürmischem Wind von Qaqortoq nach Nanortalik segelten. Neun Stunden mit für den kleinen Heringskutter gefährlich hohen Wellen. Bis wir in den Windschatten der grossen und steilen Sägezahnklippen Semersoqs gelangten. Die ganze Zeit stand ich im Steuerhaus – wie meine Familie auch – und fühlte nur, dass dies etwas war, das ich wirklich vermisst hatte. Stand einfach da in Rauch und Mief. Solange es Grönländer gibt, braucht die Scandinavian Tobacco Company nicht um ihre Profite zu bangen. Und natürlich läuft ständig das Radio. Läuft das Wunschkonzert, dann besteht es aus einer Mischung der längsten und langweiligsten Kirchenlieder und wirklichen Antiquitäten wie «Junge komm bald wieder». Das sei wirklich merkwürdig, meint mein Sohn Sophus, aber ich erkläre ihm, dass Grönland ein Land sei, wo viele scheinbar absonderliche und fremdartige Bräuche bewahrt werden, die andernorts längst ausgestorben sind.

Vor über zwanzig Jahren sass ich in Nuuk – damals hiess es Godthaab – mit einem Kater und schrieb ein kleines Gedicht, eine Huldigung, die ich ganz und gar wiedererlebte:

> Eis und Scheiss
> das gehört zusammen
> hier sagt man zu allem Amen
> Ruck und Stoss
> Grönland ist gross

Danke.

(Arqaluk Lynges Gedicht zitiert nach «Til hæder og ære», Verlag Bröndum 1982. Mein eigenes Gedicht nach «Hændelser på Rejsen», 1971.

Rede beim aussenpolitischen und marktwirtschaftlichen Ausschuss in Kopenhagen

anlässlich der Einweihung der «Ausstattung» des Sitzungssaals, 7.12.93

Ein Bild malen dauert lange Zeit. Zuerst dauert es 55 Jahre, und dann kommt all das andere. Diese Bilder haben besonders lange gedauert. Weil sie für einen bestimmten Ort gedacht sind. Das ergibt an sich bereits Bindungen in Form von Licht, Räumlichkeit usw. Und dann die Bestimmung dieses bestimmten Ortes: der Sitzungssaal des aussenpolitischen Ausschusses. Hier klingt die Geschichte mit, und irgendwo in meinem Hinterkopf rumorte die Vorstellung von einem Historienbild.

Oder ist es so, dass der Maler ständig Historienbilder malt? Die deutsche Nachkriegszeit eines Baselitz, die Bedrängnisse in Immendorfs Café Deutschland. Doch das ist keine nach aussen gerichtete, repräsentative Malerei. Und was sollte ich auch anstellen, mit meinen zweifelhaften und verborgenen Figuren, meinen Strukturen aus zusammengebrochenen Absichten? Dennoch war ich im «Historienbild» verfangen, alles drehte sich wie eine Beschwörung um dieses Wort.

Seit vielen Jahren gab es Jerichau als Möglichkeit. Doch dieser hatte seine Versuche unternommen, ohne dass ich auf diesem Weg weiterkam. Mir wollten einfach keine klaren, gezeichneten Formen an ihrem Platz gelingen.

Am meisten noch befriedigten mich als Vorbilder Hammershöis *Artemis*-Bild und Jorns *Stalingrad*. Beides sind eine Art Strukturbilder. Ein leicht missszuverstehender Ausdruck, weil nicht von einer Tapete die Rede ist, sondern es sind Bilder, in denen eine non-figurative Struktur die erzählende Rolle der Figuren übernommen hat. Bei Hammershöi sind die Figuren im Begriff, in einer körnigen, monochromen Struktur aufzugehen. Sie sind in ein Bas-Relief eingesenkt. Das Bild steht still. Ich betrachte es als eine relativ kleine Geschichte, die dabei ist, von einer viel grösseren, übergreifenden Struktur einverleibt zu werden. Eine Art erzählerischer Übergriff. Jorns *Stalingrad* ist eine grosse marmorierte Wand. Einer historischen Anekdote entsprungen, die in Ruinen die Spuren von leeren Fensteröffnungen hinterlassen hat, aber auf der Jagd ist nach einer grossen, gemeinsamen Erzählung. Die in unserer bürokratischen Sprache vielleicht verschwindet, aber dennoch möglicherweise im Farbpigment und den organischen Bindemitteln lebendig ist.

Diese Erzählung möchte ich finden. Ich zweifle nicht daran, dass es die Welt gibt. Aber ich bin mir nicht sicher, wann sie zu Geschichte wird. Die Geschichtsforschung versucht mit allen Mitteln und Technologien, bis zum Anfang der Geschichte zu sehen und unterwegs bis in alle Ritzen hinein. Es ist kein Projekt in der Art des grossen Teleskops, das die Schwerelosen dort draussen dabei sind, zu reparieren, damit es, wenn es fertiggestellt ist, wie es in der Tagesschau heisst, bis in die äussersten Winkel des Universums blicken kann. Da sitzt man dann da und denkt, was dann, was ist hinter den äussersten Winkeln des Universums? Das hört niemals auf, man wird schwindlig, aber nicht klüger.

Es bleibt uns nichts anderes, als unser Leben lang über die Unendlichkeit des Universums zu spekulieren – und über unseren eigenen Tod, der irgendwie damit zusammenhängt. Das nennen wir das Leben leben. Und das Paradoxe dabei ist wohl, dass wir, um dieses Leben zu leben, eine Sprache aufbauen und ein Wissen, die sich gegenüber unseren Grundvoraussetzungen völlig verschliessen.

Ab und zu gibt es Löcher in diesem System, wenn z.B. ein Gemälde durchkommt und für einen Augenblick den Blick freigibt auf die grosse Erzählung. Das ist eine andere Geschichte als die Geschichte. Auch wenn sie ja irgendwie zusammenhängen müssen. Hin und wieder gelingt es sogar, dies darzustellen, Shakespeare in seinen Königs-Dramen zum Beispiel und wie gesagt Jorn mit *Stalingrad*.

Man sieht, ich bewege mich wirklich auf Glatteis. Aber da wollte ich schliesslich hin.

Vom Glatteis zu etwas Handfesterem. Dieser Raum: nicht gerade wunderbar. Das ganze Gebäude ist nicht gerade ein Riesenerlebnis. Eher eine Art von schwerem Beamten-Barock. Das Beste, was über dieses Haus gesagt werden kann: Es ist zumindest gediegen. Und heutzutage ist das schon sehr viel.

Ach, hätten wir nur das Christiansborg eines C.F. Hansen. Na ja, so eines hätten wir wohl doch nicht, auch wenn es nicht abgebrannt wäre. Dann hätte man es wohl abgerissen. Weil es für einen anderen Zweck gebaut worden war. Es ist überhaupt ein Wunder, dass der Richterstand nicht verlangt hat, das Gerichtsgebäude abzureissen, weil es als Rathaus gebaut worden ist und daher gar nicht zum Richten geeignet ist. Hätte man das verlangt, wäre es sicher auch gemacht worden. Hansens Gerichtsgebäude ist nie ein populäres Haus geworden. Dazu ist es zu streng und zu erhaben und besitzt zu viel Würde. Wie der «Starenkasten», der nun weg soll. Angeblich, weil man dort nicht mehr Theater spielen kann. Aber das kann man, und man hat es jahrelang getan. Natürlich könnte er verbessert werden, mit einer neuen Bestuhlung usw. Aber nein, er soll weg, weil man ihn nicht mehr leiden kann. Dann kann man gleich ganz Kopenhagen zu einem grossen Kongresszentrum machen. Man hat eine Bühne, die wie alle Bühnen ihre Grenzen hat, aber das sind die Spielregeln. Und nun will man sie abreissen. Und zur selben Zeit subventioniert man eine Bühne, die gar nichts hat, wie den Gaskessel, und schreibt Wettbewerbe aus für ein neues grosses Haus, ein sogenanntes Musikhaus, ganz ohne Bühne. Es passt einfach nicht zusammen. Und einige Politiker können nicht verstehen, dass sie nicht zu allem Stellung nehmen und sich so furchtbar überfordern müssen, sondern dass sie für gewisse Aufgaben über Organe verfügen, sozusagen im Namen der repräsentativen Demokratie. Wie z.B. «Der besondere Gebäude-Ausschuss».

Und was hat das mit diesem Happen zu tun: Ja, wird der «Starenkasten» abgerissen, dann wäre das sowohl im Licht der engen Geschichtsschreibung als auch im grösseren Rahmen eine aussergewöhnliche Schande.

Rede im Nationalmuseum in Kopenhagen

*anlässlich der Verleihung des grossen Preises der dänischen Akademie
an Ib Michael, 1.12.94*

Hier stehe ich und soll für einen Schriftsteller, Ib Michael, eine Rede halten. Ich soll erklären, warum man ihm den grossen Preis der Akademie verleiht. Dafür kenne ich ihn nun wirklich nur zu gut. Es wäre einfacher zu begründen, warum man diesem Schriftsteller den Preis besser nicht gäbe. Ich kenne also Ib Michael – der auch einmal Rasmussen hiess – so gut, dass man sich ab jetzt mit dem unakademischen «Mik» abfinden muss.

Das neue Prozedere der Akademie, erst im letzten Augenblick, und zwar während der letzten Sitzung vor dem Jahresfest, den Empfänger des grössten Preises bekanntzugeben, schafft natürlich eine gewisse Spannung. Jedenfalls für die designierten Redner im Falle des einen oder anderen. Es gibt schliesslich keinen Grund, sich auf etwas vorzubereiten, das nicht stattfinden wird, und trifft das Unglück doch ein, dann ist die Zeit knapp. Jedenfalls bleibt nicht genug Zeit, um alle Bücher des Preisempfängers noch einmal zu lesen und mit einer angemessenen und soliden Besprechung der Werke aufzuwarten. Daher werden sowohl ich als auch Sie – verehrte Zuhörer – vielleicht vor einigem verschont. Ich werde also mit dem letzte Buch beginnen, das ich von Mik gelesen habe. Es ist auch das letzte, das er veröffentlicht hat. Bei weitem aber nicht das letzte, das er geschrieben hat. Das letzte ist vielmehr erst der Anfang von allem.

Auch von unserer Bekanntschaft. Es gab nämlich einmal einen jungen Dichter, ein Blumenkind aus den sechziger Jahren, den man im Telefonbuch unter Rasmussen nachzuschlagen hatte, und der sich im warmen Kopenhagen mit dem Exotischen und der Ferne beschäftigte. Das bedeutete, soviel ich weiss, auch eine Art inneren Kosmos, zu dem Enthaltsamkeit, Sanftmut und verzweifeltes Meditieren in den frühen Morgenstunden Zugang verschaffen konnten. Da es jedoch nicht schadet, auch etwas zu wissen, studierte er, parallel zur Entzücktheit, an der Universität indianische Sprachen. Er hatte ein paar Bücher in einer Art Hippie-Stil geschrieben: «Ein bislang ungesehener Traum von Schiffen» (1970) und «Der fliegende Truthahnkiller» (1971). Ich habe keine klare Erinnerung daran, sie gelesen zu haben. Ich denke aber, dass unser gemeinsames Projekt mich anstandshalber dazu bewogen hat, den «Fliegenden Truthahnkiller» zu lesen. Das Buch hatte etwas mit unserem Projekt zu tun: Wir wollten ins Mayaland, nach Mittelamerika. Auf eine Expedition. Deshalb habe ich mich wohl da durchgeackert. Es war sicher auch zu viel des Guten. Zu viel Spät-Sechziger für einen Früh-Sechziger, dessen geistige Revolution der Minimalismus war, und dessen Haut an den Fingerspitzen darüber hinaus eine mehr politische Färbung hatte.

Sonst war ich aber auf die Expedition eingestellt, als mich der junge Dichter am Telefon zu einem Treffen einlud. Es sollte eine Expedition in das Land der Mayas sein. Eine Entdeckungsreise in jeder Hinsicht, und ein Abrechnen mit fast allen Humanwissenschaften. Wir waren eine grössere Gruppe, die sich aus den theoretischen Wirrköpfen jener Zeit zusammensetzte. Als es aber um den Rucksack ging und Reisepläne, um hartes Lesen und Pensum und Vorstellungen von Schlangen, da waren plötzlich nur noch Mik und ich übrig. Am Tag vor der Abreise fanden wir in einer Kneipe unseren Fotografen, Teit. Da waren wir drei. Eine ungerechte Zahl für eine grosse Expedition, es stehen immer zwei auf der gleichen Seite.

Erst von nun an will ich von Mik reden und nicht mehr vom jungen Dichter. Miks aktuelles Buch ist sein Tagebuch von dieser Reise: «Das geschlossene Auge». Meiner Meinung nach ein wundervolles Buch, das in seiner knappen, aber sinnlicherfahrenen Sprache vom «Truthahnkiller» ungeheuer weit entfernt ist. Es ist ein Buch, das Miks ganzes Potential und eigentlich auch seine ganze Thematik und all seine Strategien in sich vereint.

Vor allem zeigt es, dass nur Erfahrung richtig zu Sprache werden kann. Wenn das eintritt, dann braucht man nicht mehr, als nur das Allernotwendigste. Und man muss nicht so viele anstrengende Wörter verwenden. Vielleicht ist das ein Vorurteil des Minimalisten, ich fand aber Miks Texte immer weniger gut, wenn die Wörter zu lang waren oder die Linien zu kurz. Kannst du aber ein gutes Tagebuch schreiben, dann kannst du auch über deine Kindheit schreiben, wenn die Zeit kommt. Und vielleicht geht es genau darum.

Eine andere, verborgenere Strategie, die ganz unbeschwert in «Das geschlossene Auge», in diesem frühen Tagebuch, deutlich wird, ist das Ota-Modell. Der Blick für dieses mythologische Gewebe, von dem wir uns nicht ganz freimachen können. Und das vielleicht die wichtigste, myzelhafte Verbindung zur unbegreiflichen Kindheit ausmacht.

Alles, was er später geschrieben hat, ist in diesem Tagebuch, das erst jetzt ausgegraben worden ist, bereits angelegt. Und erst noch in einer gereinigten und geläuterten Form, um die in den späteren Büchern gerungen wird.

Miks Reise erfolgte in zwei Teilen. Den ersten Teil verbrachte er zusammen mit Teit und mir. Am Sonntag, den 7. März – wir befinden uns im Jahr 1971 – heisst es: «Fühlte mich besser und ging im nebligen Mondschein hinunter zum Atitlan-See, verjagte die Köter mit einigen Steinwürfen, setzte mich auf einen Baumstamm und dachte über die Schimpftirade nach, die ich von Per und Teit über mich hatte ergehen lassen müssen: dass ich selbstverliebt sei, ein selbstverliebtes Kind, dass ich zu viel Platz einnehme, dass ich, wenn ich gut gelaunt sei, rülpse und furze und plaudere, dass ich sonst bis spät abends rumsitze und schreibe, während das Licht brenne, und dass ich in die Stadt gehe, wenn die anderen schlafen, um mich zu amüsieren. Überhaupt sei ich während der ganzen Reise zu nichts nutze gewesen – So, so.»

Etwas davon stimmt noch immer – Mik ist ein leidenschaftlicher Furzer, hoffentlich kommt er einigermassen durch dieses Ritual heute – und dann dieses «So, so».

Ich selbst schien überhaupt die Rolle des grossen Bruders zu spielen. Jedes Mal, wenn eine völlig klare, schulmeisterliche Bemerkung über Erosion oder über ein ähnlich aufregendes Thema auftaucht, dann heisst es, ich sei dafür verantwortlich gewesen. Vielleicht ist das bezeichnend für diesen ersten Teil von Miks Reise. Sicher war es vor allem ich, der aus der Reise eine Expedition machen wollte. Eine romantische Spiegelfechterei mit einem Kern von einer Art wissenschaftlicher Seriosität. Ich wusste nämlich, dass ich DIE REISE nicht wiederholen konnte. Eine solche Reise wird einem nur einmal zuteil. Und diese Reise hatte ich verbraucht.

Aber eigentlich hatte ich das Bedürfnis nach einer weiteren. Die Sechziger waren vorüber, mein Hintergrund war zusammengebrochen und bewegte sich in weite Ferne, wie kalte Sternschnuppen. Aber die eine, erlösende Reise war verbraucht, und ich musste mich mit einer Konstruktion versuchen: mit der Expedition. Mit der Reise, während der, jenseits des Wissens, eine Unschuld wiederzufinden war, aber mit dem Wissen als Ballast. Genau darüber haben wir dann ein Buch gemacht: «Das Mayaland». Fotos von Teit, Zeichnungen von mir. Und auch Textstücke von mir, wobei meine Expeditionsfiktion darin bestand, dass ich versuchte, alles als etwas Neues zu sehen, wie ein Expeditionszeichner aus dem vorigen Jahrhundert. Der Hauptteil des Textes jedoch stammt von Mik. Ein stürmisches Gewebe aus echtem und konstruiertem Wissen, alles wird mit dem eigenen Dortsein und der sinnlichen Wahrnehmung bewiesen. Sogar die Mythologie ist eine Erfahrung. Hier hat Speedy Gonzales den Truthahnkiller eingeholt, der mit einer geknickten Feder dem Tintenfass hinterherblickt.

Erst der zweite Teil der Reise ist die wirkliche Reise. Endlich ist er den grossen Bruder und den Fotografen losgeworden. Das ist DIE REISE. Die Reise, die man nur einmal in seinem Leben machen kann. Wo einem die Bestimmung zuteil wird und man wahnsinnig und unverwundbar ist. In «Das geschlossene Auge» wird die Gangart gewechselt, im letzten Teil ist wirklich die Hölle los, endlich kann er total aufdrehen. War «Das Mayaland» das Buch des Expeditionsteils, dann ist «Das geschlossene Auge» das Buch der REISE. Der erste Teil war vielleicht eher eine klassische Bildungsreise, Teil zwei ist der Ort, an dem Mik in Erscheinung tritt. Und der Ausgangspunkt aller Bücher. Nur einer, der auf diese Weise gereift ist, kann über etwas schreiben. Über seine Kindheit. Hier beginnt das «Vanillemädchen».

Auch ein anderes wichtiges Buch ist auf dieser Reise entstanden: «Hirschfuss». Hier wird ebenfalls die mythologische Selbstspiegelung mit der Wirklichkeit verwebt. Oder wie immer das nun zusammenhängt. Das eine zuerst, das andere nachher, oder auch umgekehrt. Etwas, das Mik in seiner Schimpftiraden-Aufzählung nicht erwähnt, sind seine Frauengeschichten. Das wäre auch zu anstrengend geworden. Im letzten Teil der Reise aber, und somit im «Hirschfuss», nähert er sich einer mythologischen Dimension. Nicht nur eine Nummer mit einer amerikanischen Studentin, nein, er schläft mit einer ganz anderen Welt (der dritten vielleicht) und mit der «Geschichte» und dem «Abenteuer» und dem «Sturz Maximilians».

Miks Übersetzung des Popul Vuh, der Schöpfungsgeschichte der Maya-Indianer, liegt zeitlich zwischen der Expedition und der Reise. In dieser Übersetzung steckt sehr viel harte Expeditionsarbeit, und der Stoff hat dem mythologischen Visionär des «Hirschfusses» Nahrung verschafft.

«Hirschfuss» ist ein Ota-Buch. «Kilroy Kilroy» ist zu gross, um ein Ota-Buch zu sein, aber es hat sich auch aus «Hirschfuss» entwickelt. Und aus dem «Truthahnkiller», um nicht ganz ungerecht zu sein. Mit «Kilroy» aber hat Mik sich in den Stillen Ozean begeben, ins Wasser hinein. Das war sicher eine gute Idee, denn ein grosser Fussgänger ist er nie gewesen. Im «Geschlossenen Auge» erklimmt er gegen Ende allein einen Berg. Das hätte er nie tun dürfen, auch wenn ich nicht glaube, dass es ein grosser oder dramatischer Berg gewesen ist. «Ich kannte die Richtung und fing an, auf gut Glück den Berg hinaufzuklettern. Doch der Berg wurde immer steiler. Das Licht war trügerisch, oder was immer es war, das mich trog ... auf jeden Fall wurde das Klettern immer schwieriger, ich rutschte dauernd aus», und so weiter, in der Tonart. Er war sicher glücklich wie ein Satan, dass ich ihn nicht vom Tal aus mit dem Fernglas beobachtete.

Im ersten Teil von «Die Reise zurück» stolpert er auf rutschigen Dschungelpfaden umher und hat fürchterliche Probleme, mit seinen verehrten Indianern mitzuhalten. Für jemanden, der offenbar genetisch geprägt ist, auf der Frederiksborgstrasse in Kopenhagen gegen jede Laterne zu stossen, ist es sicher nicht leicht, durch einen Dschungel zu kommen.

«Die Reise zurück» ist das Buch des grossen Aufholens. Hier treffen sich alle wieder, auch die, die in den anderen Büchern erfunden worden waren. Hier treten sie alle wirklich auf. Es ist eine echte Halluzination. Irgendwie gibt es allen andren Büchern Deckung. Und es ist ein witziges Buch. Auch wenn ich mich frage, wie witzig es sein soll, dass die Beschreibung einer irren Busfahrt folgendermassen abgeschlossen wird: «Kirkeby wäre tot umgefallen vor lauter Angst, denke ich mit einer gewissen Genugtuung.» So, so.

Mik verliess also den festen Boden und segelte und schwamm in den grossen Ozean hinaus. Dort draussen im warmen Fluidum befand er sich in seinem richtigen Element. Der geborene Schwimmer, heisst es. Er hat immer etwas Robbenhaftes an sich gehabt. Diese fernen, treuherzigen Augen.

In dem grossen warmen Wasser hat er dann den Rasmussen wiedergefunden. Hier hat er, so weit ich weiss, geheiratet. Auch wenn man nicht ganz sicher sein kann, ob die Ehe rechtsgültig ist. Hier liess er sich dann weitertreiben zu seiner Mutter und seinem Vater und seiner Schwester.

Jede Flucht nach Amerika – auch nach Mittel- oder Südamerika – endet bekanntlich im warmen Fluidum, in der süssen Sagosuppe. Das ist kaum zu vermeiden, ist aber auch eine gefährliche Suppe, wo Schwimmfertigkeit allein nicht ausreicht. Vielleicht reicht es zum Überleben, doch dieser Autor hat viel mehr als das im Sinn.

Er ist ein grosser Schriftsteller, mit einem umfangreichen Werk. Ich habe mich mit den frühen Werken befasst, aber «Die Reise zurück» (und ihre Fortsetzung «Die Reise zur grünen Eidechse») führt weiter zu einer Reihe von grossen Erzählungen: «Die Kaisererzählungen», «Der Lehrling des Troubadours», «Kilroy Kilroy», «Das Vanillemädchen», «Der zwölfte Reiter». Dazu kommt viel anderes, Hörspiele usw.

Es ist ein grosses Werk, das zugleich an seinem Anfang steht. Verdienstvolle Preise erhält man für das bereits geleistete, aber auch für das, was noch kommt.

Lieber Mik, wenn Du Dich ohne allzu viel Mühe hierher bewegen kannst, wird Dein alter Reisekumpel Dir den Scheck überreichen, der ein Teil des grossen Preises der dänischen Akademie ist.

Vorlesung im Schloss

Die Versammlung hat soeben den Saal verlassen. Man hatte der gelehrten Versammlung einen neuen Fund präsentiert. Oder ein alter Fund hat für neue Überlegungen Anlass gegeben. Wissenschaft ist die Fähigkeit, eine Geschichte zu erzählen. Vielleicht ist einem jungen Wirrkopf eine neue Geschichte eingefallen. Auf jeden Fall sass jemand auf der Fensterbank, den Ellbogen aufgestützt, die Hand unterm Kinn und liess den Blick in den Park hinauswandern. Das heisst nicht notwendigerweise, dass er nicht zugehört hätte. Vielleicht hört man sogar besonders gut, wenn der Blick wandert. Die Person, die am Kamin sass, kann dagegen sehr wohl mit offenen Augen geschlafen haben. Und wer weiss, wie es auf den Stühlen rund um den Tisch zu- und hergegangen sein mag. Derjenige, dessen Finger leise auf die Tischplatte trommeln, hat sicher an etwas ganz anderes gedacht. Vielleicht gab es jemanden, der wirklich zugehört hat. Am Anfang jedenfalls. Ein guter Vortrag lässt die Gedanken immer in eine andere Richtung schweifen. Nur ab und zu werden sie durch das Kreischen der Kreide an der Tafel gestört. Ich glaube, ich weiss, was durch den Kopf der Person gegangen ist, die in den Büchern mit L.-A. Davy de Cussés schönen Originalaquarellen und -zeichnungen blätterte. Dieses glücklichen Mannes aus dem letzten Jahrhundert, der wusste, wozu er seinen Bleistift und seinen Pinsel gebrauchen konnte. Man stelle sich vor, für einen normalen und soliden Zweck zu malen. Die Vereinigung von Kunst und Wissenschaft. Wie bei einem der schrägen Originale meiner Jugend, Eigil Knuth, Graf von Peary Land unter dem Nordpol, auch er ein Künstler und Wissenschaftler. Erinnerungen an eine kristallklare und vegetationslose Welt mit einer endlosen Weitsicht. So weit entfernt vom furchtbaren bretonischen Sommergrün. Auf dem Tisch liegt die sorgfältig geschliffene Steinaxt aus grünem Stein auf den geologischen Expeditionsberichten der «Mitteilungen über Grönland». Steine.

Um die Tafeln herstellen zu können, musste ich Vorlesungen halten. Das habe ich schon früher gemacht: mich eingeschlossen und für mich selbst eine Vorlesung gehalten, mit farbiger Kreide auf schwarzen Tafeln illustriert. Auswischen und wiederholen, versuchen zu verdeutlichen und überhaupt herauszufinden, um was es geht. Im übrigen hat es Monate und Jahre gedauert, bis die Tafeln langsam Gestalt annahmen. Also, ich bin schon früher in mich gegangen und habe gehofft, dass die Kreidespur deutlich genug sein würde. Bislang hat es nicht geklappt. Aber in Kerguehennec ist es, in Zusammenarbeit mit der Société Polymathique du Morbihan, glaube ich gelungen. Vielleicht weil das Thema vorgegeben war. Es gab eine bestimmte Richtung, ich hatte eine Geschichte, an der ich mich festhalten konnte und von der ich Spuren erwarten durfte, und es gab keinen Grund, von der einen Geschichte zur anderen zu wechseln, weil bei keiner etwas dabei herauskam, ihre Treibkraft war zu schwach. Meine Geschichte, das waren Steine. Steine. Die Steinaxt war ja eigentlich nur ein Stein. Hätte man ihr erlaubt, etwas länger in der Grabkammer liegenzubleiben, wäre sie wieder zu einem gewöhnlichen Ackerstein geworden. Wie alle anderen Steine, geformt von den Schubkräften der Natur. Von Flüssen, Eiszeitgletschern, Erdbeben und Pflügen. Dass er einmal von Menschenhänden gehalten worden war, macht für den Lauf der Zeit keinen Unterschied. Überall gibt es Steine, das ist die Erde. Man sieht das natürlich in den polaren Gebieten eher, wo der Stein nackt auftaucht. Es sind Steine am Fuss des Kreuzes. Ich blickte im dunklen Atelier in Kerguehennec aus der Tür hinaus, und da lagen ein paar Steine, zufällig und ebenso künstlerisch wie die grüne Steinaxt. Da war der Vortrag bei seinen letzten Zeilen angelangt.

Backsteine

Der Bahnhof von Humlebæk

Eine Prämisse

Das Aufstellen einer Skulptur an einem öffentlichen Ort ist eine bedenkliche Angelegenheit. Oft steckt ein guter Wille dahinter, aber ebenso oft auch Gleichgültigkeit, die besagt, dass sich so etwas schliesslich gehört und in einem weiten und diffusen Sinn von gutem Geschmack zeugt. Meist jedoch ist es eine Mischung von beidem. Je mehr Skulpturen man bekommen kann, je mehr es in einem Ort davon hat, desto ernsthafter ist die Absicht und desto grösser der Beitrag zum guten Geschmack. Was aber die eigentliche Absicht ist, darüber herrscht zumeist Unklarheit. Denn diese «öffentliche» Absicht benutzt eine Strategie, die bestenfalls ohne Absicht ist. Was die Absicht ausmacht, darüber kann man sich in einer vagen Unbestimmtheit dahingehend einigen, dass man den Anliegern und dem Publikum ein Erlebnis verschafft aus Phantasie, Kreativität und Lebensqualität. Mit der blossen Idee, den öffentlichen Raum durch kunstähnliche Gebilde zu verschönern, propagiert man eine Kunstauffassung, die, wenn es hart auf hart geht, mit Kunst nichts zu tun hat. Da diese Streuung von Kunstobjekten auch eine gewisse Preiswürdigkeit voraussetzt, erzielt man sowohl auf dem einen als auch dem anderen Niveau eine Discountkunst mit reiner Signalwirkung für einen zwar vorhandenen aber diffusen guten Willen. Und das Fehlen eines Willens zu wirklichen Investitionen. Eine Unmenge aufdringlicher und undeutlicher Kunst von zweifelhafter Qualität. Die einen, wie die Zeugen Jehovas mit ihrem Fuss im Türspalt, nicht in Ruhe lässt. Aber auch daran kann man sich gewöhnen, und zwar so sehr, dass man auf eine fast perverse Art falsch verstanden wird, wenn nicht alles mit Gerümpel volltapeziert und -möbliert ist.

Kann man denn gar nichts machen, ist ein Kerl so pervers, dass er überall, wo er nur hinkommt, seine Sachen aufstellt, und dann masochistisch-zynisch eine Zigarre raucht und seine exklusiven und elitären Ausfälle geniesst. Nein, ich glaube wirklich, dass man – bei aller Absichtslosigkeit – etwas machen kann, das eine Berechtigung hat. Ich glaube dies, weil ich im öffentlichen Raum auch grosse Erlebnisse gehabt habe. Und ich besitze die Hochmütigkeit zu glauben, dass ich dazu in der Lage bin, ein solches Werk zu schaffen.

Ich meine, es gibt ein paar «Mechanismen», die ein so furchtbares Selbstvertrauen rechtfertigen können, und die sich jenseits einer Beurteilung von «Talent» und Fähigkeiten befinden.

Es geht um eine «Methode», die das biographische Material über das Private stellt und den in diesem Zusammenhang aufdringlichen persönlichen Fingerabdruck hinauszwängt. So dass Werke entstehen, die man besuchen geht, in Museen und an anderen Orten, Werke, die sich gerade dadurch auszeichnen, dass man zu ihnen hingeht, dass man selbst den ersten Schritt macht.

Eine Gebrauchsanweisung für Minimalismus: Modul, System, klare Strukturen. Für mich wurden das die Backsteine. Hier hatte man ein Modul, das in einem grösseren Ganzen nur zusammenhängen konnte, wenn man ihr System befolgte, wenn man im Verband mauerte; ein Modul, das aufgrund seiner normalen, banalen Verwendung für den Häuserbau mit aller Deutlichkeit affektierte und unzweckmässige Strukturen entlarven würde. Auch wenn die Bauten keinen Zweck hatten. Ich habe mit diesem Gepäck einen weiten Weg zurückgelegt. Wie ein Embryo musste ich die ganze Entwicklung wiederholen. Vom monolithischen Mauerwerk zur Wand, von der Stele zu transparenten und passierbaren Wänden. Klare und simple Raumverläufe, die dennoch kleine Verschiebungen aufweisen und eine unbewusste Verwunderung hervorrufen. Um so mehr, als es eine «anonyme», handwerkliche Form ist, eine gemauerte Struktur, wie so viele andere, an denen man im Laufe eines Tages vorbeigeht. Man braucht sie weder zu ignorieren noch dazu Stellung zu nehmen, sie ist einfach da. Und vielleicht macht man dann eines Tages selbst den ersten Schritt.

Eine weitere Prämisse

Warum ausgerechnet Backsteine? Ich weiss es nicht, aber mit anderen Materialien kann ich nicht. Ich habe es versucht. Ich lege mich kurz auf die Couch und komme wieder mit meiner Kindheit. Überall Backsteine. Die Grundtvigskirche und das ganze Viertel darum herum. Der soziale Wohnungsbau aus den Dreissigern und Vierzigern, der für mich noch immer den Höhepunkt der dänischen Architektur ausmacht. Die Zugreisen in die Sommerferien mit einem Schild um den Hals: die gemauerten Bahnhofsgebäude. Die Provinznester.

Das ist die Stimmung, die Last der Backsteine, zusammengesetzt aus Erinnerung und Geschichte. Vielleicht war das der Trick in den minimalistischen Tagen: dass die Backsteine, sogar mitten in der Austreibung und den belasteten, symbolbeladenen Armbewegungen, den ganzen Komplex mitbrachten, auch wenn man unschuldig aussah und die Spielregeln einhielt. Ein reiner Nebengewinn, konnte man dann behaupten, auch wenn sicher ein «unbewusster» Betrug mit im Spiel war. Die Nebengewinne waren die Farbe, das Licht und die Stofflichkeit dieses unglaublich organischen Materials. Davon sprach man damals allerdings nicht. Denn dies waren «ästhetische» Grössen von viel zu sinnlichem Charakter.

Noch eine Prämisse

Auch wenn sie keinen besonderen Zweck haben, sind diese Bauten doch alle für einen bestimmten Ort erstellt worden. Es sind keine schon vorher existierenden Werke oder Ideen, die nur zufällig irgendwo aufgestellt wurden. Und die sich ebenso gut woanders aufstellen liessen. Sie sind natürlich von der schicksalhaften Begrenzung bestimmt, die einem nun einmal eigen ist. Der Einfallsreichtum hat gottseidank seine Grenzen. Man kann so tun, als täte man, was zu tun sei. Doch ist es etwas anderes, wenn man mit den beschränkten Mitteln, die man besitzt, auf einen Ort und eine Situation reagiert.

Nun ja, innerhalb dieser schweren und bedrückenden Begrenzung, die mir nun einmal eigen ist, sind diese Backsteinwerke doch ganz spezifisch und lassen sich nicht einfach an einen anderen Ort versetzen.

Prämisse Bahnhof von Humlebæk

Man kommt an mit dem Zug von Kopenhagen, hält auf dem Bahnsteig vor dem Bahnhofsgebäude, lässt sich durch das Gebäude und durch die Pforten hinaustreiben. Man passiert die Grenzen des Bahnhofs. Vielleicht um nach Louisiana zu spazieren. Unter «Humlebæk» steht auch «Louisiana» auf dem Schild. Dieser Bahnhof ist etwas anders als die anderen auf dieser Strecke. Aber er ist noch immer einer der stimmungsvollen und architektonisch haltbaren der Küstenstrecke. Ich stelle mir eine Struktur vor, durch die man hindurchgeht, ein Spiel mit der Vorstellung von Halle und Säulen, die sich auch auf die Architektur der anderen Bahnhöfe der Küstenbahn erstreckt. Man kann sich diese Vorstellung als Verlängerung des existierenden Komplexes gegen Norden denken, wo heute ein ziemlich unklar definiertes Gelände liegt. Sie fügt sich dort ein, ohne dabei nostalgisch-rustikale Anpassungsarchitektur zu sein, sie ist da mit dem Recht eines ordentlich ausgeführten und klar konzipierten Bauwerks. Sie führt vom Bahnsteig zur Strasse nach Louisiana hinaus. Vielleicht ist die Passage durch das Bauwerk Anlass für eine kleine Verschiebung im Magen, im Unterbewusstsein, in der Schrittlänge, im Kopf, der nach Louisiana führt. Das ist eine fromme Hoffnung. Sie will etwas anderes sein als eine noch so gute, aber im Grunde gleichgültige Skulptur aus Stahl, Eisen, Bronze, Stein, das übliche Zeug.

Prämissen, von denen man schlecht reden kann

Sie sind ja nichts als Kleinkram und Nörgelei, diese Betrachtungen. Als Begründung, Legitimation oder Erklärung besitzen sie kaum einen Wert. Der Wert liegt im Licht und den Schatten, in der Verwandlung der Stofflichkeit, in der Vergänglichkeit des Fleisches.

Nakskov

Ich habe immer gesagt, dass ich meine Backsteinskulpturen für vorgesehene Standorte entwerfe und ausführe. Man kann sie nicht umstellen wie ein Möbelstück. Jedenfalls nicht mehr als ein paar Meter. Die Skulptur entstand also nicht für Nakskov als geographischen Ort, sondern für diesen ganz bestimmten Ort in Nakskov. Mit dem Bahnhof im Hintergrund, dem Granitbürgermeister, dem unbestimmbaren nationalen Monument, den Wohnbauten und den alten, grossen Villen – eine eindeutige dänische Provinz-Stimmung.

Ich kann mich natürlich nur innerhalb gewisser Grenzen bewegen. Das ist die Art von Repertoire, in welchem ich denken kann. Ich versuche nicht, etwas Neues zu erfinden. Ich benutze für meine Backsteinskulpturen alte, bekannte Backsteinkonstruktionen. Das ist Teil des Witzes. Was als immer gleiche Besonderheit bleibt, ist die Art, wie die Steine zusammengefügt sind, die Grössenverhältnisse sowie die jedesmal etwas veränderte Logik von Licht und Schatten.

Ich reagiere auf die physikalischen Umstände. Aber es soll kein formalistisches Spiel mit eindeutigen Lösungen werden, sondern auf eine andere und vertrautere Art einleuchten. Diese Mischung von Anonymität und Unumgänglichkeit, die ein Transformatorenmast auf dem Lande ausstrahlt.

Viel anderes kommt natürlich hinzu. Die Geschichte, Bekanntschaften, das Licht, das Gefühl für das Selbstverständnis der Orte, Illusion und Betrug – all das, was in der Sprache zu Erzählung und Anekdote wird. Wenn Kunst aber beginnt, die Anekdote zu illustrieren, dann muss es schiefgehen. Leider existiert in Provinzstädten eine solche Art von Kunsttradition. Diese Kunstwerke kommen so schief heraus, weil sie zu eindeutig sind. Eben nicht stimmig in sich selbst, indem sie auf sich selbst hinweisen und auf ihre geheimnisvolle Geschlossenheit, sondern es sind zu schnell abgelesene Illustrationen der örtlichen Fremdenverkehrsbroschüre. Für viele Künstler verschieben sich die Verhältnisse auf unglückliche Weise, indem sie in ihrer täglichen, «privaten» Arbeit ständig hausgemachte Anekdoten zur Anwendung bringen, um die sinnlose Arbeit in Gang zu halten, und dann daran zu glauben, dass öffentliche Anekdoten auf die selbe Art funktionieren. Das ist völliger Quatsch, in der Regel aber sind der Bürgermeister und die anderen damit ganz zufrieden.

Was den Standort meines Werks in Nakskov betrifft, so kann ich mich auf keine Anekdoten berufen. Ich bin weder dort geboren, noch habe ich eine Tante oder eine alte Freundin, die dort herkommt. In Wirklichkeit ist Lolland für mich sehr weit weg. Ich habe diesen Ort ja auch nicht selbst ausgesucht. Es hat mich aber sehr beeindruckt, dass ich gewählt wurde, und insbesondere hat mich die Person, die mich kontaktierte, sehr eingenommen. Und in meiner kleinen Welt ist das dann zu Nakskov geworden. Auch von der Solidität und der Handwerkerfreude der Maurer bin ich entzückt. Vielleicht ist diese Art, eine Sache zu betrachten, provinziell, aber das ist ein Provinzialismus, zu dem ich gerne stehe.

Auch wenn ich aus Kopenhagen komme. Vielleicht liegt es auch am grossen Erdrutsch, den meine Generation in den frühen Sechzigern erlebte, dass das Provinzielle als die grosse Möglichkeit betrachtet wurde. Aber das ist eine lange Geschichte. Und vielleicht haben wir nur eine alte Geschichte wiederentdeckt, die jede Künstlergeneration von neuem entdecken muss. Jorn wusste ja auch um die Kraft des Provinziellen.

Krems

Ich musste um die Kirche herumgehen, um zu der Stelle zu kommen, die für die Backsteine in Frage kam. Eng und überwachsen war's und ungepflegt. Kloster- und Stadtkirche in einem, man konnte sich gerade an der einen Längsseite durchzwängen, die andere war mit Gebäuden verbaut. Ganz hinten aber, bei den langen Strebepfeilern des Chorabschlusses, dort war sowohl Stadt wie auch Land. Land, weil sich gleich dahinter die Weinberge erstreckten. Und Stadt, weil es zur anderen Seite hin Dächer und Kirchtürme gab; es war eine Stadt wie auf einem Stich von Dürer. Oder ein Hintergarten in heimlicher Ausgelassenheit. Es zwitscherte und summte. Im Haus nebenan, das sich an die Kirche anlehnte, hing ein älterer Mann aus dem Fenster, wie Bettwäsche zum lüften. Und ohne die geringste Spur von Eile, die Zeit schien still zu stehen. Dieser Mann machte das ganze Bild zu Biedermeier, zu Spitzweg.

Ich hatte etwas zu erledigen, war in Eile. Aber ich erlaubte mir eine ganz stille halbe Stunde im Gewächs hinter dem Chor und unter der Aufsicht des aufmerksamen aber uninteressierten Blicks des Fenstermannes. Es kam mir vor wie Wittgenstein. Immerhin war ich in Österreich. Der Tractatus Logico-Philosophicus war in den frühen Sechzigern eine Art Bibel. Nicht dass ich, oder «wir», wage ich zu behaupten, jemals alles gelesen, oder es im fachphilosophischen Sinne völlig verstanden hätten, aber immer wieder tauchten diese poetischen Blitze auf, die trotz allem vielleicht ein tieferes Verständnis ermöglichen. Und dann war da die Architektur. Da steckte viel Loos darin. Es ging also nicht nur um jugendliche Angeberei oder ein Legitimationsbedürfnis, sondern da steckte echte Verbundenheit dahinter.

Hier stand ich also, in Krems, versteckt hinter einer mittelalterlichen Kirche, sozusagen ganz zufällig stand ich hier und verharrte in einem kurzen Zögern inmitten ewiger Rastlosigkeit, und war der erste Paragraph von Wittgensteins «Tractatus»: «Die Welt ist alles, was der Fall ist.»

Und während ich in meinem chinesischen Notizbuch Anmerkungen machte und im Unkraut die Masse abschritt, kam ich zum zweiten Paragraphen: «Was der Fall ist, die Tatsache, ist das Bestehen von Sachverhalten.» Beschwörend schritt ich im Unkraut umher, und die Grabsteine begannen zu wachsen. Wie Pilze an der Wurzel des hochstämmigen Chores. Das Licht wedelte im Laub, die Weinberge summten vor Stille, die Stadt zerfiel. Und, begleitet von meinem Lieblingsparagraphen Wittgensteins, in der logischen Bewertung etwas weiter unten, nämlich unter 2.15, fingen die Elemente an, sich unter dem Einfluss unbekannter Schwingungen zu ordnen: «Dass sich die Elemente des Bildes in bestimmter Art und Weise zu einander verhalten, stellt vor, dass sich die Sachen so zu einander verhalten.»

Diesen Zusammenhang zwischen den Elementen des Bildes will ich die Struktur des Bildes nennen, die Möglichkeit dieser Struktur nenne ich die Abbildungsform des Bildes.

Im Flughafen von Wien kam dann im grossen und ganzen über die blauen Linien des Notizbuches alles an seinen rechten Platz. Eine nicht ganz unbekannte Konfiguration war wiedergeboren. Entsprossen aus den früheren Bestattungen hinter der Kirche. Der grosse Kreislauf, oder die ewig verpflichtende Wiederholung.

Daheim am Arbeitstisch wurde diese Konfiguration am Backstein-Modul auf die Probe gestellt. Das ist ein ganz entscheidender Test. Erst mussten die Backsteine gefunden werden (in Österreich, gibt es aus irgend einem Grund nur Klinkersteine, deren Dimensionen zu gewaltig sind, um hinter der Kirche eingeklemmt zu werden). Konnten alle Bewegungen unter Einhaltung der Maurermasse ausgeführt werden, dann war alles gut, und man konnte mit dem Mauern beginnen. Tatsächlich hielt es, und war bestens gemauert worden. Als ich wiederkam, strahlte die Sonne in die blinden Fenster der grossen Steine hinunter und es schien, als bewegten sie sich schwer um die leere Mittelachse. Später, als der Bürgermeister und die anderen Gäste kamen, regnete es in Strömen, aber das war auch nicht so schlimm.

Lieber Jan Hoet

Unser letztes Treffen hat mich sehr gefreut, und auch der Vortrag über «displacement». Was also nicht einfach eine Treppe ist, sondern die Bewegung eine Treppe hinauf, und dann das schnelle Vorbeihuschen an der Tür, nach der man eigentlich sucht. Anschliessend folgt dann die vorsichtige, nachdenkliche und suchende Abwärtsbewegung zu dem, was man in der Eile übersehen hat. Das ist natürlich eine Metapher, dieser Ausdruck wurde am meisten genannt. Insbesondere ist es eine Metapher für die Reaktion der Medien, der Kritiker, des Publikums sowie der Ausstellungsmacher. Auf ihrer Suche nach der richtigen Tür zu den von der Zeit gestellten Aufgaben fährt man in der Regel ein oder sogar mehrere Stockwerke zu hoch hinauf, wo man die angeblichen Spitzenleistungen vermutet. Anschliessend muss man sich mühsam, Stufe um Stufe, wieder bis zum richtigen Absatz hinunterbegeben. Es ist also von einem Prozess die Rede, der gegen Null tendiert. Der einem zwischen den Stufen entwischt, auch weil die Zeit schon vorbei ist.

Nun muss man es allerdings mit der Mathematik und mit Mathematikern immer mit der Ruhe nehmen. Wie David Hammond während des Vortrags über die mathematischen Formeln ganz ruhig formulierte: «The man is full of lies.» – Das sagte auch Alfred Wegener. Der Urheber eines der wirklich grossen «Displacement-Projekte», nämlich der einleuchtenden, aber unbeweisbaren Theorie von der Kontinentaldrift. Wegener sagte in etwa, dass jede Theorie, die von einer mathematischen Beweisführung abhängig sei, für ihn keine Gültigkeit habe. Wegeners Beweis bestand in der träumerischen Betrachtung des Schulatlasses während einer Erdkundestunde: Alles passte wie ein Puzzle zusammen.

Die Freude eines Mathematikers, selbstauferlegte Beschränkungen mit Formeln zu versehen, und sein Glaube, dass diese zu neuen Einsichten führen, hat etwas Rührendes. Wie man eine Linie innerhalb eines definierten und begrenzten Gebiets «unendlich» werden lässt, ist schliesslich Hausmannskost für jeden bildenden Künstler.

Die übertrieben selbstsichere Verknüpfung von historisch-moralischen Werten mit dem Formelsatz Symmetrie-Asymmetrie halte ich ebenfalls für naiv. Als sei alles Symmetrische gleichsam autoritär und totalitär, und die Asymmetrie organisch und demokratisch. Abgesehen von der Problematik, überhaupt historisch-moralische Grössen definieren zu wollen, und abgesehen davon, dass das Organische sich in der Regel um «verborgene» Symmetrieachsen herum entwickelt – abgesehen von diesen problematischen Vorbedingungen glaube ich auch nicht daran, dass das auf einer direkteren Ebene richtig ist. Es gibt Stadtgesellschaften, die man kaum als totalitär bezeichnen kann, die sich aber symmetrischer Strukturen bedienen (natürlich haben sie eine «Struktur», und diese kann man in einem Argumenationszusammenhang natürlich immer als «autoritär» bezeichnen, aber damit reduziert man die Problematik lediglich auf Postulate auf verschiedenem

Niveau). Der englische Garten, die Rokoko-Ornamentik taucht erst in der Zeit des Absolutismus auf, als Mode, als Geschmack. Es geht aber nicht darum, das eine oder das andere beweisen zu wollen, sondern darum, dass Form Form ist, und als solche ist sie grundlegend wertfrei. Es wäre traurig, wenn man nicht eine natürliche und offene Symmetrie benutzen dürfte, nur weil irgend jemand herumläuft und behauptet, diese oder jene Definition impliziere etwas «Autoritäres». Dann wäre der gesamte jüngere Stamm der Skulpturen- und Modellbauer ziemlich schlimm dran (und in der Tat sind es gerade diese, die den faschistoiden Anspielungen ausgesetzt sind).

Symmetrie ist ein hervorragender und gesunder Begriff. Man kann der Symmetrie schlecht zum Vorwurf machen, dass Speer und Mussolini auch von ihr angetan waren. Ja, Symmetrie ist wirklich so solid, dass die grossen Qualitäten vieler architektonischer Werke aus der «schlimmen» Zeit nicht zu übersehen sind. Umgekehrt entstanden aus Angst vor der verruchten Symmetrie viele verfehlte, verkrüppelte und lausige Bauwerke unserer Zeit.

Vielleicht gibt es gar keine Asymmetrie. In der natürlichen Wirklichkeit ist vielleicht lediglich davon die Rede, dass sie sich nicht unmittelbar überschauen lässt. Und für den von Menschen hervorgebrachten Teil handelt es sich vielleicht nur um eine Form von Unordnung. Den grössten Teil meines Lebens träumte ich davon, mit der Symmetrie abzurechnen, um auf ihre Kosten das Chaotische, Freie und Organische zu behaupten. Das waren die späten Sechziger mit der Wiederentdeckung des Jugendstils und dem psychedelischen Morast. Ich glaube aber nicht mehr an diese Gegenüberstellung, und ich glaube überhaupt nicht an die damit verbundenen Werturteile. Ich glaube, das «symmetrische Gefühl» von einer offenen Ordnung führt letztendlich zu einer grösseren Freiheit. Unter allen Umständen geht es darum, wofür du es benutzt.

Ich glaube auch, dass der scheinbare Widerspruch zwischen horizontal und vertikal auf diese Weise zu lösen ist. Dass man «Hierarchie» sowohl in der einen als auch in der anderen Organisation wiederfindet. Dass sie als formale Grössen prinzipiell freigestellt sind. Es ist alles nur eine Frage des «wie».

L'espace Schuman

I

Ein künstlerischer Eingriff stellt eine Ordnung dar.

Eine wirklich fundamentale Ordnung. Das mag sich seltsam anhören in einer Zeit, in der wir uns, was Vorstellungen von Ordnung und Unordnung, Freiheit und Unfreiheit, sogenannter Kreativität kontra schlechte Gewohnheiten betrifft, an eine grosse, unordentliche Verwirrung gewöhnt haben. Alle diese Begriffe haben wir kreuz und quer mit Hilfe von merkwürdigen, «selbstverständlichen» Moralismen miteinander verknüpft.

Ordnung soll immer autoritär und unfrei sein, eine Gewohnheit sei das absolute Gegenteil von Kreativität usw. Das hat in der Stadtplanung dazu geführt, dass Verworrenes und Unordentliches gleichbedeutend mit Freiheit und Entfaltung behandelt wird. Ich hatte das immer schon durchschaut als eine Verhaltensregel, die in mir erst recht ein Gefühl von Unfreiheit erzeugte. Irgendwie wurde ich durch sie eingeschränkt auf vorgeplante Wege zu meiner «freien» Entfaltung. Umgekehrt liess mich ein grosses Mass an weitmaschiger und relativer Anonymität freier atmen.

In der Kunst herrscht das bekannte Paradoxon, dass, was kompliziert dargestellt ist, leicht zu durchschauen ist, während das extrem Einfache, das Minimale, sich als wirklich labyrinthisch herausstellt. Das Minimale birgt in sich die echte, fundamentale Verwunderung, das existentielle Labyrinth der grossen Fragen. Das bewusst labyrinthisch Konstruierte hingegen vermittelt lediglich eine beschränkte Freude an der Aufgabenlösung. Es ist daher gut genug für Tivoli und andere Vergnügungsparks, die für ein beschränktes Vergnügen eingerichtet sind. Im freien Leben jedoch braucht es eine andere, bedrohende Ordnung. Genau deshalb faszinieren die grossen Anlagen auf den Hochebenen Mexikos, in Versailles, die Boulevards von Paris usw. so sehr und setzen so viel phantasievolle Energie frei.

Wenn ich behaupte, dass die Kunst imstande ist, eine solche anspruchsvolle Ordnung herzustellen, dann gilt das natürlich nicht für jegliche Art von Kunst, und es gilt schon gar nicht für das verbreitete Aufstellen eines sogenannten Kunstwerks in einem öffentlichen Raum. Um mit dieser höheren Ordnung eine Wirkung zu erzielen, muss man sich etwas vorstellen, das nicht die geringste Ähnlichkeit hat mit dem, was man volkstümlich unter einem Kunstwerk versteht. Es geht eher um Strukturen, die ganz anonym und authentisch dastehen, wie so viele gross angelegte Zweckstrukturen, die sich in ihre Geheimnisse einhüllen, Transformatorengebäude zum Beispiel oder Wasserwerke.

Es geht auch nicht um harmlose, angepasste Grössen, die oberflächliche Vorstellungen eines Unterhaltungsbedarfes befriedigen. Wie zum Beispiel Einkaufsstrassen und die neu entstehenden städtischen Plätze «für das Volk». Die scheinbar anonymen (aber zwecklosen) Strukturen werden erst zu Kunst durch ihre innere Steilheit, durch ihren räumlichen Umgang mit den grossen Fragen. Der Zugang zu ihnen entsteht durch ein räumliches Erstaunen, das den Passanten vielleicht eines Tages beschleicht. Nichts wird angekündigt, nichts wird einem aufgezwungen, man kann daran vorbeigehen, ohne Stellung nehmen zu müssen. Bis ein nächster Schritt eines Tages vielleicht ein leichtes Rutschen in der räumlichen Auffassung auslöst, eine fast unmerkliche kleine Verschiebung, eine Unruhe, die zu arbeiten beginnt und die den Kreislauf stärkt.

II

Diese einleitenden programmatischen Überlegungen sind natürlich als Anfang eines Plädoyers für mein Projekt gedacht.

Es geht schliesslich darum, in einem äusserst unordentlichen Gelände ein Raumproblem zu lösen. Keine postmodern geplante Verwirrung der Unterschiede, sondern eher halbwegs eine Auslassung von bürokratischer Macht. Hier gibt es keine Ordnung und keine Substanz. Und alle Mängel bestehen in ziemlich gewaltigen Übergrössen.

Damit Menschen hier atmen können, braucht es notwendigerweise eine Ordnung. Keine Ordnung der Gigantomanie, sondern ein Beharren in erträglichem Ausmass.

Mit einer grossen Bewegung habe ich durch das ganze Gelände ein Ornament von grosser Einfachheit gelegt. Eine ewig wiederkehrende, räumlich-ornamentale Grösse. Die ständig mit dem Körper messbar ist.

Andauernd öffnet es sich, schafft Raum und Platz und natürliche Ziellinien, und es macht nicht den Fehler, sich an den üblichen Punkten zu verdichten. Auf dem Platz selbst weicht es scheinbar seitlich aus und öffnet dort, wo der Obelisk steht, einen Raum.

III

Auch in der Konstruktion liegt eine grosse Einfachheit. Rote Backsteine in einer elementaren, eineinhalb Steine breiten Mauer mit Mörtel. Die Backsteine sorgen in einfacher, ungekünstelter Art für eine einfache und doch reichhaltige Oberfläche. Die normale Hohlmauer ist eine Konstruktion von grosser Stabilität, die durch die Falten des Mauerwerks zusätzliche verstärkt wird. Es gibt keine unlösbaren technischen Probleme.

IV

Ich habe den Verlauf in einige Kapitel aufgeteilt. Jedes Kapitel enthält eine Variante des zugrunde liegenden, einfachen Ornaments. Sowie eine eigene Unterteilung des gleichen «Arguments», um auf fast scholastische Art die «Unumgänglichkeit» zu beweisen.

Kapitel 1 nenne ich «Das Ornament». Das entfaltet sich hier in seiner klarsten und direktesten Form. Es bildet auch das eindeutigste Umfeld für die ganze Strecke: ein gewöhnliches Stück Strasse mit ziemlich gewöhnlichen und etwas langweiligen Häusern. Eine Schlucht. Ein Visier, das auf den grossen Triumphbogen zielt. Die Verkehrsführung schafft in der Mitte der Strasse eine breite Fussgängerpromenade. Ein Ort, wo man zum Park und wieder zurück flanieren kann. Diese Stimmung möchte ich mit der leichten, fast pergolaartigen Konstruktion und deren

Mischung aus fester Struktur und vollständiger Transparenz unterstreichen Und zwar – trotz der Überschaubarkeit – mit diesem leichten Überraschungseffekt durch die Begrenzung des Raumes auf die eine oder die andere Seite.

Kapitel 2: «Das Monument.» Das ist der Hauptplatz, der Platz des Monuments. Das in diesem Vorschlag sowohl da ist und auch nicht. Die Mauern weichen aus und schaffen Platz und Raum. Die Mitte, der Platz des Monuments, ist blosser Raum. Aber die Mauern sind unbestreitbar höher als diejenigen davor und dahinter. Dennoch ist das Objekt mit seinen acht Metern von sehr beherrschter messbarer Monumentalität. Das Ornament entsteht durch dichte Falten in der Mauer selbst, so dass gegen die Umgebung waagrechte «Schatten» entstehen, und gegen den Eigenraum des Platzes hin einige etwas breitere Nischen.

Diese senkrechten Licht-Schatten-Verursacher sind die Träger der Monumentalität. Die zwei Steine tiefen, aber nur einen halben Stein breiten Spalten an der Aussenseite sorgen für einen scharfen, fast bodenlos tiefen Schatten, der dennoch eine sonderbare Transparenz besitzt. Wie die senkrechten Streifen auf einem Gemälde von Barnett Newman. Die Nischen in der Wand zum Platz hin ziehen sich regelmässig in die Mauer hinein und wieder hinaus: ein Atemzug, der in den Nischen Platz schafft für Sitzplätze. All dies als Ergebnis einer «logischen» Faltung der Mauer. Die ausserdem die für eine Höhe von acht Metern erforderliche statische Sicherheit gewährleistet.

Die Grundfiguration besteht aus einem Kreuz, das die Hauptachsen offenlässt. Eine nur geringe Abweichung von diesen Hauptachsen lässt die Mauern hervortreten und sich zu einer Masse zusammenballen, die dank der magischen senkrechten Schatten merkwürdig unausweichlich daherkommt.

Kapitel 3: «Der Hof (Court)». Hier haben wir das reine Ornament aus Kapitel 1 in einer kleineren Ausgabe. Das sich dafür bis ins Unendliche wiederholt, indem es ohne Anfang und ohne Ende rundum läuft. So entsteht eine kolonnadenartige Zeichnung des inneren Raums. Eine völlige Transparenz kommt auf, die Zeichnung wirkt wie eine magische Linie im Kies, verbunden mit der Behauptung, «auf der einen Seite herrscht Friede und nicht die geringste Gefahr und auf der anderen Seite ist man eben draussen». Man kann ohne Behinderungen hindurchspazieren vom einen öffentlichen Gebäude zum anderen, und im Sommer können mit Leichtigkeit Bänke aufgestellt werden

Kapitel 4: Diesen Abschnitt habe ich scherzweise «Die Propyläen» genannt. Kommt man nämlich vom Bahnhof, dann geht es hier bergauf. Der Vorschlag ist jedoch eher als eine Betonung der beinahe hoffnungslosen Bedingungen dieser Strecke zu verstehen: der brüllenden Autobahn vor allem, die aus dem Inneren der Erde hervorbricht und alles zu mehr oder weniger erodierten Randelementen werden lässt. Meine Propyläen sind vor allem gedacht als eine Mahnung, auch diese Strecke zurückzuerobern für eine friedfertigere Bewegungsform. Hielte man sich daran und würde man die Autobahn verdecken, dann liessen sich meine angedeuteten Propyläen zu einem grösseren Hof erweitern mit denselben Charakteristiken wie ich in Kapitel 3 beschrieben habe.

V

Zum Schluss noch ein paar Worte zur Darstellungsform.

Grundlegend glaube ich, dass etwas faul ist an einer Sache, wenn sich die Dinge nicht mit einfachen Mitteln, mit ein paar Linien darstellen lassen. Oft werden Projekte nicht aufgrund ihres wirklichen Inhalts beurteilt, sondern aufgrund vom Schönmalen im Zeichnen, in der Aquarelltechnik und dem Fleiss beim Modellbauen. Ich hatte nie den Wunsch, an solchen Wettbewerben teilzunehmen. Bei einem derart umfassenden urbanen Projekt wie dem vorliegenden ist mir jedoch klar, dass eine herkömmliche plastische Darstellung unumgänglich ist. Daher habe ich mich mit einem Architekten und seinem Computer zusammengetan und konnte somit die nackte, kalte Struktur produzieren. Sie ist leicht abzulesen und ganz ohne «künstlerische» Kringel. Aber auch ohne «Stimmung», ohne Stofflichkeit und ohne die Ausstrahlung der Idee. Ich hoffe, sie ist in meinen «handgezeichneten» Plänen etwas besser zu erkennen. Auch wenn diese auf ihre Art äusserst nüchtern sind.

«Gruvtorget» – Der Marktplatz in Höganäs

Es war ein heller Wintertag, als wir nach Höganäs fuhren. Herrliches Wetter, aber kalt. Westwind und daher in Höganäs sehr viel kälter als an der dänischen Öresundküste, woher wir kamen. Vor Höganäs noch ein Blick aufs frische Meer und auf die spezielle, moderne schwedische Provinz-Tristesse. Als wir dann auf den Marktplatz einbogen, war es wie nach Hause zu kommen. Wie wenn man im Traum nach Hause kommt. Man erkennt alles wieder, und dennoch ist es fern. Zum Schluss weiss man nicht mehr, was man da wiedererkennt, weil es einem doch wieder unbekannt ist. Dieser Platz wirkt so verträumt und voller stiller schmerzlicher Erinnerungen an etwas, das nicht mehr vorhanden ist. Deshalb strahlt er heute einen spinnwebartigen Liebreiz aus, und sogar die provinziellen Erinnerungen an eine frühere Grandezza bekommt etwas Rührendes. Natürlich ist das eine Art Geschichtsverfälschung, denn diese Gebäude hatten eine höchst wirkliche, soziale Position innegehabt. Was heute aber wirklich ist, ist der Liebreiz, und dann das Rührende der architektonischen Formen. Zufriedenstellend ist auch das Gefühl eines Restes von historischer Tiefe. Und auch die flache, geschlechtslose Gegenwart tritt mit einem Fuss auf den Platz hinaus: als ICA-Supermarkt.

Da ist also dieser wunderschöne kiesbelegte Platz mit den Bäumen und der heruntergekommenen Wasserkunst-Anlage. Aber Wasser ist sicher eine gute Idee – zumindest während ein paar Monaten im Jahr. Wenn es also Wasser geben soll, dann muss hier eine klare Form entstehen, die im Winter nicht bloss an das Wasser erinnert, das nicht da ist. Die jetzige Wasser-Anlage wird auch für das neue «Ding» eine natürliche Umgebung bilden.

Ich schlage eine Art Pergola-Pavillon vor, mit Sitzbänken und einer quadratischen, leise murmelnden «Quelle». Ein Anknüpfen an den Spinnweb-Liebreiz. Mit roten Backsteinen ausgeführt. Die mit all den roten Häusern am Platz ein Wechselspiel führen. Und den Liebreiz ausdrücken, der über solchen Orten schwebt, die von der Geschichte verlassen worden sind. Die aber gleichzeitig im schweren Material ein Echo bergen von etwas Wirklichem, davon, dass Geschichte auch mit sozialer Härte einhergeht. Das mag ein an den Haaren herbeigezogenes Ablenkungsmanöver sein, aber irgendwie ist da etwas mit den Backsteinwerken: eine innere Steilheit als Geschichte. Im Zusammenspiel mit der enormen Stofflichkeit der Backsteine, ihrer pigmenthafte Transparenz und riesigen Lichtstärke. Deshalb nehmen sie auf eine «sanfte» Art viel Platz ein, ohne jedoch unbedingt wirklich so viel Platz zu beanspruchen. Die Ausführung ist reines Handwerk und drängt sich daher nicht als Kunst auf. Sie ist sozusagen bereits da, bevor man die Kunst überhaupt als solche erkennt. Was auch übereinstimmt mit der schönen Anonymität der architektonischen Bemühungen rund um den Platz. Die vielen Anläufe zu einer Monumentalität reichen nie über das Vorbild im Traum hinaus.

Sofa

Jeder, der schon auf der Jagd nach Möbeln war, weiss wie besonders schwierig es sein kann, ein achtbares Sofa zu finden. Mir fehlen an vielen Orten Sofas, und deshalb bedeuteten Franz Wests Sofas an der Documenta IX für mich eine grosse Erleichterung. Praktisch sind sie, und funktionell, man sitzt wirklich gut darin, und sie sind mit so einfachen und klaren Mitteln hergestellt, dass man sich wundern muss, weshalb Möbelarchitekten überhaupt Probleme haben können. Die Sofas wiederholen eine bekannte Erfahrung: heutzutage schaffen Künstler im Verhältnis zu Architektur immer Ordnung und Klarheit. Und das tun sie, weil sie sich darauf eingestellt haben, den unvermeidlichen Preis zu bezahlen, den Franz Wests Sofas auch so deutlich zeigen: Vergänglichkeit, Abnutzung, Tristesse. Die Architekten dagegen schummeln hier immer.

Fisters Kolumne

Fisters Kolumne

Tageskommentar

Alles Gute, das eintrifft, alles, was im Leben vollbracht wird, ist eine Wiederholung früherer Ereignisse.

Ein Gemälde, das «gelungen» ist, ist in einer Zeichnung zwanzig Jahre früher schon vorbereitet worden. Die ihrerseits nicht «gelungen» war, die aber als aufdringliche Ungewissheit im System verblieben ist.

Und Liebe ist die ferne Verliebtheit während der Schulzeit in das blonde Mädchen, das im Winter mit der selben S-Bahn fuhr. Süsse und Schmerz, Kordhosen und Erektion, hinzu kommt die absolute Fleischlosigkeit des Gefühls.

Du hast es schon einmal gesehen. Das Wiedererkennen ist die erste – und unvermeidliche – Bedingung dafür, dass etwas gelingt, Form annimmt, mit Substanz gefüllt wird. Deshalb nennen wir es eine Vision.

Fisters Kolumne

Betrachtungen zum Tag

War auf meiner täglichen Radfahrt über die kleinen Wege der Insel unterwegs. Ich fuhr aber auch auf der Amtsstrasse, wo der Verkehr festländische Dimensionen annimmt. Innerhalb gewisser Grenzen, es ist schliesslich die Zeit zwischen Weihnachten und Neujahr und der Himmel liegt tief. Ich musste aber ständig aufpassen, ob nicht ein Auto vorbeikam. Mit einer gewissen Geschwindigkeit. Andere Radfahrer sah ich jedoch nicht.

Es sausten Tanten und Onkel, Grossmütter und Teenager, Fischer und Schullehrer vorbei. Manche waren unterwegs, um jemanden zu besuchen, die meisten, nehme ich an, denn sonst war ja alles geschlossen. Es gab natürlich auch solche, die zum Kiosk wollten, Zeitung holen, Süssigkeiten, Shampoo oder Videofilme. Niemand musste sehr weit, auf der Insel gab es nichts, das weit weg war.

Ich liess die Gedanken wandern. Früher bewegten sich die meisten Menschen mit der eigenen Muskelkraft vorwärts. Man ging. Zur Not konnte man reiten, aber auch das war körperlich anstrengend. Sogar zum Segeln war Kraft notwendig, um die

Segel zu hissen, rauf und runter. Meistens war dies Aufgabe der Seeleute, damit die Passagiere sich ausruhen konnten. Aber grösstenteils ging man. Nur sehr reiche Leute liessen sich transportieren und brauchten selbst keinen Muskel zu bewegen.

Jetzt aber, dachte ich, ist es offenbar so, dass alle Menschen reich sind. Jetzt sind es nicht mehr nur wenige, die keine eigenen Muskeln für ihre Fortbewegung brauchen, jetzt sind das die meisten. Bei diesem Massstab gibt es keine Armen mehr, alle sind reich geworden, auch die, die im Wartehäuschen stehen und auf den Bus warten.

Fisters Kolumne

Betrachtungen zum Tag

Hier unter dem seit Wochen unverändert tiefen Himmel, der auch dafür verantwortlich ist, dass zwischen Tag und Nacht kein Temperaturunterschied besteht, schweifen meine Gedanken zurück zu meinem letzten Aufenthalt im Flughafen Schipol in Amsterdam.

Eine unnütze Stunde zu früh am Flughafen. Und zu Hause ein Schneewetter, das mehrere Stunden Verspätung bedeutete. Es stand mir also ein längerer Aufenthalt bevor.

Da sass ich also mit meinem Buch im sterilen Niemandsland. Nach ein paar Stunden kam ein Mann, stellte seinen Aktenkoffer ab, zog die Schuhe aus, kniete nieder und verbeugte sich seelenruhig gegen Mekka. Als er die Schuhe wieder angezogen hatte und mit seinem Koffer weiterhastete, sah ich aus den Augenwinkeln einen leeren Blick, der ihn verfolgte, ein kleiner ruckartiger Schatten einer Bewegung. Als meine Augen ihm impulsiv folgten, sah ich auf dem glatten Fussboden unter den Plastikstühlen eine Maus. Eine richtige, lebendige Feldmaus. Es wirkte fast illegal. Draussen, auf den Feldern zwischen den Startbahnen, war es kalt geworden, und so war die Maus ins warme Gebäude gehuscht. Wenn weitere ihrer Artgenossen durch das gleiche Loch schlüpfen und beginnen, an den isolierten Teilen der Installation zu nagen, wer weiss, was für Verspätungen wir dann erleben werden.

Fisters Kolumne

Betrachtung zum Tag

Fister, Fister
Mettwurst frisst er
und scheisst in den Kanister

Fisters Kolumne

Tageskommentar

Als ich über arm und reich nachdachte, und darüber wie man sich früher fortbewegte und wie man das heute tut, begann eine schwache Erinnerung in meinem Hinterkopf zu rumoren: wie ich, vor langer Zeit mal, vor Lachen brüllte, ganz hysterisch, aufgelöst war und lachte, dass mir die Tränen kamen, und nicht aufhören konnte, wie sehr der Lehrer auch drohte: Sind wir jetzt fertig? Ja doch – und dann begann es bei den ominösen Zeilen wieder von vorne. Ich steckte einen anderen Jungen mit dieser Hysterie an. Wir wurden hinausgeworfen, standen draussen im Flur und schüttelten uns vor Lachen allein bei dem Gedanken. Das war in der Grundschule. Der Grundtvig-Schule. Und die Zeilen standen im Gesangbuch der Oberschule. So etwas wie: Der Geldsack reitet hoch zu Ross, der Bauer landet in der Goss'.

– Nun ja, alle Kolumnen werden einmal eingeholt. Und meine rumänische Skepsis, das ist bloss eine neue Geschichte. Ja, ja, es war alles geplant und geleitet. Und dick aufgetragen.

Aber abgesehen davon, dachte ich dann, wird, wenn es soweit kommt, der Maler, der auf mich den grössten Einfluss hat, vielleicht Strindberg sein. Einfluss bedeutet ja letztlich jemand, mit dem man sich am meisten verwandt fühlt. Strindberg ist schliesslich modern. Ich habe es mit Delacroix versucht, es sah aber immer aus wie Strindberg.

Strindberg und Rembrandt. Letzten Endes kommt es nicht so darauf an. Solange man richtig damit herumkolumnen kann.

Fisters Kolumne

Tageskommentar

Jetzt sind alle plötzlich so begeistert von diesen Osteuropäern. Man denkt sogar, sie würden alle wie wir. Und das soll dann besonders gut sein. Eine Art Kreislauf falscher Naivität. Und schon sind die guten alten Ansichten vergessen. Vielleicht stimmt es ja auch, dass sie sein wollen wie wir.

Troels am Telefon. Irgendwo soll jemand geforscht und darüber geschrieben haben, dass, und insbesondere warum Alexander der Erste, der russische Zar nach den napoleonischen Zuständen in Europa, sich derart für liberale Verhältnisse ausserhalb Russlands einsetzte. Dieser Forscher wollte herausfinden, ob Ähnlichkeiten bestanden mit dem, womit der heutige Zar sich abgibt. Schliesslich brach das kommunistische Kartenhaus in Osteuropa nicht ausschliesslich durch die unvermeidliche Spontaneität des Volkes zusammen. Sozusagen auf Kommando.

Die Welt ist Gott sei Dank komplizierter als die Anteilnahme der Medien ahnen lässt.

Fisters Kolumne

Betrachtungen zum Tag

Diese Kolumne macht Schluss mit den politischen Kannegiessereien. Das kam alles so schnell, dass sich ein Kommentar erübrigt. Und ausserdem sind zurzeit alle damit beschäftigt, sich emotional davon zurückzuziehen. So sind die ewigen Kreisläufe.

Ich bin also zur Insel zurückgekehrt und fuhr wieder Rad. Und wieder als einziger, wie mir in diesen kalten Ostertagen schien. Im scharfen Wind überholten mich viele Autos, die unterwegs waren zu den Aussichtspunkten in der wilden Natur. Dort sassen sie dann, schauten sich die Natur an und fuhren anschliessend wieder nach Hause.

Ohne Gegenwind, ohne Bö in dünnen Haaren, ohne Schweiss unter den Armen. Kein Wunder, denke ich, dass es so viele schlaffe und charakterlose Gemälde gibt, die sich in freundlicher Unverbindlichkeit als Naturinspirationen ausgeben. Das sind Bilder, die der Natur aus dem Auto auf dem Sonntagsausflug entsprechen. Kein Schweiss, keine Substanz.

Tritt in die Pedale, es gibt was im Fernsehen.

Fisters Kolumne

Die Stunde der Rache
Letzte Neuigkeiten aus dem Stadion – das Gras spielt nicht mit

Wie alle wissen, will im neuen Nationalstadion das Gras nicht wachsen und das Wasser nicht ablaufen. Es sieht schlimm aus, und auf einem solchen Platz kann man keinen Fussball spielen.

Diese kleine Rasenfläche ist schliesslich ein Stückchen Natur, wenn auch ein geplantes, das in ein ziemlich gewaltiges und bedrückendes Menschenwerk hineingesetzt ist. Da wurde gebaut und gelärmt, saumässig sieht es aus, kein bisschen vom sonst so bewunderten und berühmten dänischen «Finish», nein, ein mächtiges und aufgeblasenes Gebäude ist es. Und dann will der kleinste Teil davon nicht mitmachen.

Gross musste es sein. Aufgeblasen von den unwirklichen Warmluftströmungen der achtziger Jahre, zu einem Zeitpunkt, wo sonst alles so ziemlich am Ende war. In einer Atmosphäre von Putsch und plattem Profit und leeren Spekulationen. Früher war da auch ein Stadion: ein Park, der aus ungleichen Elementen zusammengeflickt war, die alle ihre Geschichte und Stimmung besassen. Und was für eine Stimmung! Natürlich ist es auch Nostalgie, wenn dieser Fister an die vielen Sonntage seiner Jugend und die eiskalten Füsse denkt. Aber das ist schliesslich nicht verboten. Vor allem aber war es: ein Fussballstadion. Das feinste, worin man in diesem Land überhaupt spielen konnte, hier sah man die besten Mannschaften. Es war ein Bauwerk, das ausschliesslich für diesen schönen Sport gedacht war. Und das Gras wuchs, es wurde abgenutzt, und es wuchs wieder, alle Jahre. Ab und zu zwar, wenn man doch zu viel gespielt hatte, war der Platz mal in einem schlimmen Zustand und knollig, aber nie war er so widerspenstig und unbrauchbar wie heutzutage.

Es ist verlockend, sich vorzustellen, dass das Gras sich weigert, da mitzumachen. Dass die Gräser eine Sitzung abgehalten und beschlossen haben, einem Tod durch Ertrinken oder Verwelken ins Auge zu sehen, aus Protest, nicht mehr Gras in einem Fussballtempel sein zu können, sondern nur noch ein Stück berechenbares Grün in einem aufgepumpten Bürohauskomplex mit den dazugehörigen, abartigen Vorstellungen von Umsatz und Veranstaltungen.

Jeder weiss natürlich, dass das nicht stimmt. Das gute alte Gras ist ja weggefahren worden, als man mit dem Bau begann. Dies hier ist also neues Gras. Das von Anfang an ganz unschuldig war und die besten Vorsätze hatte, als Gras das zu tun, was Gras gern tut, nämlich wachsen. Doch ein solcher Gedanke durfte keine Wurzeln schlagen, denn grosse Platten wurden über den ganzen Rasen gelegt, Tausende von Menschen pressten alle Luft und Leichtigkeit aus dem Boden und die Platten wurden wochenlang, bis zur nächsten Veranstaltung, liegen gelassen. Um Geld zu sparen. Aber wer kennt das nicht vom Schrebergarten: Wenn man eine Kiste oder eine Tischplatte vom Fest letzten Samstag liegen lässt, ist das Gras nach nur ein paar Tagen gelb und durchsichtig.

Das Gras, das nicht wachsen will, hat Symbolcharakter. Der Umsatz der Finanzinstitute erfordert eine Profitmaximierung (die guten Zeiten sind wieder da, man hört förmlich das Geld rollen), die das Gras niedertrampelt.

Es sieht böse aus, wie der Verwalter sagte.

Fisters Kolumne

Gunnar Nu Hansen ist tot. Endlich. Den gab es ja schon ewig.
Für diesen Fister war er vor allem an der Olympiade in London dabei, als die wohlgenährten Dänen sich im Vergleich zu den vom Krieg ausgelaugten Nationen eine seitdem nie mehr erreichte Anzahl von Medaillen sicherten. Ich verbrachte einen Teil meiner Sommerferien in einem Gartenhaus in einer Gegend, die damals etwas ausserhalb von Helsingör lag, heute aber längst vom Lemmingzug der Einfamilienhäuser eingeholt worden ist. Zusammen mit meiner Grossmutter und ihrem Herrn Andersen wohnte ich im Gartenhaus meines Urgrossvaters, mitten auf seinem weitläufigen, wohlgepflegten und ertragsreichen Grundstück. Das, zusammen mit der sozialdemokratischen Ehrenwohnung im Altersheim, ihm zu einem schönen Alter verhalf. Die Fahrt vom Altersheim zum Garten ging durch eine Randzone zwischen Stadt und Land, ein Niemandsland, das Keimzone und Bedrohung zugleich war, etwas Wachsendes und eine beginnende Unruhe, etwas zwischen städtischer Entwicklung und noch unentschiedenem Sozialkampf. Da wohnten wir also in einem dieser warmen Sommer, die es nicht mehr gibt. Grossmutter, Andersen, Urgrossvater und ich. In einem klitzekleinen, aber

mehrmals ausgebauten Gartenhäuschen. Und in London war Olympiade. Von der man hören konnte, wenn man ein Radio besass. Wir hatten keines. Der Nachbar aber schon, und wenn ich mich bis dicht an die Hecke oben am Geräteschuppen, auf der anderen Seite der Erdbeerreihen schlich, konnte ich Gunnar Nus Stimme über die Ereignisse berichten hören. Sie wurden von London ins nachbarliche Radio gefiltert, als wäre es noch verboten. Und weiter durch die Hecke und den Tau der Sommernacht und blöde Vögel. Von weit her kam die Stimme. Und sie enthielt in diesem Sommer alle meine Träume, auch Träume von nationaler Grösse. Später sprachen sie alle viel zu viel zu den Bildern im Fernsehen. Die kann man ja sehen, Mann.

Fisters Kolumne

Quer über irgend einen Frühstückstisch liest jemand vor: «Was für ein Eisregen, viertausend Rettungseinsätze, fahren Sie aber trotzdem vorsichtig, es gab bisher nur drei Tote». Da ist dieses «nur». Ist es richtig oder falsch? «Drei Tote sind drei zu viel», ist die unmittelbare Reaktion von der anderen Seite des Tisches. Ist das aber nun moralische Trägheit und das andere ein realistisches Akzeptieren der Naturkräfte und der Wirklichkeit des Autoverkehrs? Ich weiss es nicht. Und vielleicht geht es gar nicht um richtig oder falsch in dem Sinn, vielleicht ist es nur eine Frage des Zeitungslesens.

Fisters Kolumne

Als ich jünger war, vor zehn Jahren oder so, hielt ich Duncans Buch über den jungen Picasso für ein lustiges Buch. Das ist das Buch mit dem Bild von Picasso, wie er mit einem Bowler und seiner Nase herumalbert. Schicke Shorts und berühmte Gäste. Eine gutaussehende und hingebungsvolle Frau. Was für ein Älterwerden! Ein Bild davon, wie gut es einem gehen kann, wenn man Glück hat und vielleicht auch ein Genie ist.

Jetzt habe ich das Buch wiedergesehen. Ganz zufällig in einem Regal bei einer Weihnachtsfeier. Es war als hätte ich mir die Finger verbrannt. Plötzlich starrte der Alte, der wirklich überhaupt nicht alt aussah, völlig verloren ins grosse Nichts hinein. Plötzlich hatte ich nur Augen für diese endlose Tristesse. Die Verlorenheit in seinem Blick, am Esstisch mit den Gästen. Die kleinen munteren Tableaus mit Hüten und Nasen unterstrichen die Melancholie bloss noch.

Ein Schweizer Freund, der dabei war, sagte, das sei nicht so merkwürdig, das sei die ungebändigte spanische Melancholie, die hier durchbricht. Und sowas kommt von einem Schweizer.

Das mag stimmen, dass es mir aber erst jetzt auffiel, interessierte mich eigentlich mehr.

Fisters Kolumne

Ich weiss, als Fister ist man etwas misantropisch und hinsichtlich der weiteren Entwicklung nicht sehr optimistisch. Alles sieht schlimm aus, und es kann nur schlimmer werden.

Zum Beispiel das immer grössere Interesse der Menschen für Kunst, da sie sonst von der sozialdemokratischen Kultur ausgestossen werden. So etwas rutscht mir nur heraus, weil ich ein Fister bin. Aber ich bleibe dabei: Wenn es immer so war, dass der grösste Teil des kunstinteressierten Publikums stets das Falsche wählt und auf das Billigste und Protzigste hereinfällt, dann wird diese Wirkung mit dem neuen Interesse und dem grossen Andrang jedenfalls um ein Vielfaches verstärkt. Und was früher kein Interesse fand, das heisst: nicht Bestandteil der Interessenssphäre der Medien war, verhält sich heute völlig anders. Das Medienmonster ist im grossen und ganzen das gleiche wie das Publikumsmonster: eine grosse Meute von sensationshungrigen Unterhaltungs-Vagabunden. Und plötzlich gibt es keine Normen mehr, sondern nur noch Wirkungen. Zuerst stellen die Kuratoren sich auf den Druck ein, und dann die Künstler. Ohne Normen keine Revolte. Peinlichkeiten breiten sich aus, werden zunächst akzeptiert, gehen daraufhin über in Gleichgültigkeiten, und plötzlich geht niemand mehr an Kunstausstellungen. Man darf ja noch hoffen.

Nachwort

Mein Brief an Jan Hoet über «displacement» ist wohl im Papierkorb gelandet. Man hätte es wohl auch kürzer machen können: Einen Mathematiker, der Künstlern und anderen Leuten mit Hilfe von mathematischen Formeln etwas über Einsichten erzählen will, den braucht man gar nicht anzuhören. Es ist in etwa dieselbe Unbeholfenheit, die Mathematiker und dergleichen dazu bringt, all das in Eschers sorgfältigen und schulmeisterlichen Blättern zu sehen. Und nur dort.

Escher in Ehren, der wollte wohl niemals etwas anderes sein als eine Art Mathematiker. Es ist aber verräterisch, diese «merkwürdigen Schleifen» nur in gereinigter und pädagogischer Form sehen zu wollen. Eigentlich ist das gar kein Sehen, sondern eher die Bestätigung einer mühsam erkämpften Formulierung der paradoxen Probleme. Schliesslich besteht alle bildende Kunst aus merkwürdigen Schleifen. Aber in ihrer vollen Körperlichkeit und stofflichen Komplexität. Die im Bildmedium enthaltene Spiegelungsfunktion ist Ursache des ganzen Schlamassels. Man denke nur an die unendlichen, schwindelerregenden Schleifen eines Pollock.

Bei mir führt das in einen Verdacht gegen diese modernen Wissenschaftsphilosophen, die alle über sonderbare und paradoxe Einsichten belehren wollen, die sie, aus ihrer Sicht, ganz allein erkämpft haben. In Wirklichkeit haben sie überhaupt nichts gesehen.

Noch ein Nachwort

Nachdem Picasso bekommen hat, was ihm zusteht, nämlich eine tiefe und bedingungslose Verbeugung vor seiner Präzision und seiner jeden Quadratmillimeter umfassenden Entschlossenheit, ist es an der Zeit, sich für etwas anderes zu begeistern. Für Unentschlossenheit vielleicht? Nicht die normale, ästhetische Unentschlossenheit natürlich. Die ist nicht einmal amateurhaft, denn die meisten Amateure packen die Dinge anders und gröber an. Sondern der Durchschnittsgeschmack der professionellen Mittelklasse, der in dieser Firma eine tägliche Anfechtung bedeutet.

Ich überlege, ob es hinter der Picasso'schen Entschlossenheit sozusagen eine Unentschlossenheit gibt. Ein Vorbeihasten an diesem Punkt, um dann in einem neuen Sumpf zu landen. Also ein Zweifel an der Entschlossenheit. Ein Zweifel, der die Entschlossenheit anfechtet, ein Schritt darüber hinaus. Der die Entschlossenheit als eine Scheinlösung entlarvt?

Lag es daran, dass Picasso Bonnard gegenüber so gemein war? Dass er immer behauptete (laut Gilot), Bonnard könne sich nie zu etwas entschliessen? War Picasso in Wirklichkeit wegen dieser hoch entwickelten Unentschlossenheit eifersüchtig auf Bonnard? Weil das möglicherweise die Öffnung war, die das Sterben weniger schwierig werden liesse und das Bild zu etwas machen konnte, worin der Maler verschwand und nicht nur zu etwas, mit dem er fertig wurde?

Ein wenig Selbstverteidigung enthalten solche Überlegungen wohl immer. Meinerseits, jedenfalls.

Biographie

Das Nordische!

Etwas über «das Nordische» und die Kunst zu schreiben ist eine Aufgabe, die ich am liebsten vergessen würde.

Die einfachste Art wäre, all die zusammengesparten Irritationsfloskeln loszuwerden: die behäbige, hausbackene «Nordischheit» als Schutz und als Legitimation für Halbheiten. Die bis zum Glauben reicht an besondere «nordische» Materialien als Raum für die Kunst. Was der Tendenz, das Handwerk vor die Kunst zu stellen, nur zu gut entspricht. Glaskunst, Textilkunst und dergleichen kann die ätzende Säure von der Berührung der Kunst entfernen. Das «Nordische» besteht auch aus Strömen von vorhersagbaren Ergüssen in Artikeln und Seminaren. Und aus verzweifelten Bürokratenvorstellungen von Exportchancen. Ab und zu unterstützt von noblen Erörterungen über «Northern Light», die einen säuerlichen und nebligen Dunst von ungewaschener Wäsche in der Landschaft verbreiten. Es ist überhaupt eine ziemlich zweideutige und perverse Angelegenheit, auf die sich zu berufen für einen Künstler auf jeden Fall lebensgefährlich ist.

Und dennoch. Nunmehr von einigem überflüssigem Ballast befreit, gibt es doch irgendwo einen Kern, sei er noch so flackernd und metaphorisch und ungreifbar, aber immerhin. Manche sagen, bei den Alpen sei eine Grenze: und nördlich dieser Grenzmauer sei das Licht anders. Andere rücken, mit dem römischen Reich, weiter nördlich und bauen Verteidigungsanlagen. Ich glaube, es gibt eine Grenze, die sich in Wirklichkeit mit der des römischen Reichs deckt. Ob das auch etwas über Ursachen aussagen kann, da bin ich mir nicht so sicher. Aber warum auch nicht? Ich glaube, es gibt eine Grenze, und nördlich dieser Grenze besteht die Tendenz, in künstlerischer Hinsicht alles zu missverstehen.

Man missversteht nicht nur alles, was man südlich der Grenze vorfindet, nein, Missverständnisse scheinen grundsätzlich der grosse Antrieb zu sein. Die spezifischen Missverständnisse, die Fehlinterpretationen des südlichen Gedankenguts sind oft sehr einfach zu erkennen. Generell aber bewegt man sich auf dünnem Eis.

Jorn war bekanntlich der Ansicht, dass der neue Aufbruch und die Radikalität in der dänischen Kunst der zwanziger und dreissiger Jahre ihren Ausgangspunkt in Bjerke-Petersens Missverständnis der Bauhaus-Lehre hatte. Wo das Bauhaus abstrakte Reinheit propagierte, hatte Bjerke-Petersen Symbole gesehen. Er hat das Reine befleckt. Und diese Zweideutigkeit, dieses Ignorieren einer grossen wegweisenden Kraft zugunsten von Vibrationen in allen Richtungen hat merkwürdige Möglichkeiten geschaffen. Man könnte sagen, Intuition anstatt Kopf. Grob gesagt, natürlich.

Schon die nordische Mitwirkung am Aufbruch um 1800 hatte etwas Besonderes. Sergel und Thorvaldsen. Auch wenn die Behauptung erlaubt ist, die ganze Bewegung gründe auf einem «Missverständnis», nämlich der Anwendung der Antike als Norm, waren doch Thorvaldsen und Sergel – und auch Abildgaard – geprägt von einem «natürlichen», intuitiven und weniger spekulativen Umgang mit dem Repertoire. Im Unterschied z.B. zu Canova und Füssli, die sehr gern ein manieristisches Programm durchgedrückt hätten. Dass ein solches bei Thorvaldsen und Abildgaard fehlt, erlaubt wiederum eine ganz andere Wahrnehmung für Raum und Plastizität. Dies ist allerdings ein schwieriges Thema, insbesondere ist es schwer zu beweisen, und daher belasse ich es bei diesen unklaren Andeutungen.

Die nächste Jahrhundertwende, 1900, zeigt mit fast bedrohlicher Klarheit was es kostet, wenn starke Künstler die Grenze der Missverständnisse überschreiten und versuchen, sich in der «Normalität» einzurichten. Hill und Josephson begeben sich auf die südliche Seite der Grenze, um in der richtigen Art malen zu lernen. Zusammenbruch und Freisetzung der Energie des Missverständnisses. Man denke nur an all die reinen und rationalen Alleen der französischen Impressionisten und vergleiche mit Hills Gemälde «Syster Anna», wo Schatten auf Schatten folgt. Die schattenartige Figur der Schwester wird im Schatten eines Wacholderstrauchs wiederholt. Der Weg führt hinein in die Materialität des Gemäldes, in der Hills malerisches Gesamtwerk umherschaukelt und die Strindberg mit dem Spachtel ausmodelliert. Und die immer mehr ihre eigenen schattenartigen Vexierbilder abstreift: wie in Hills «Winterlandschaft bei Sonnenuntergang mit sich aufbäumendem Pferd».

Syster Anna geht bereits bei Köbke am Sortedamsee spazieren («Herbstmorgen am Sortedamsee» 1838). Eine Schattenfigur, die zwischen der Markierung der Bäume festgenagelt ist, zu diesem Gang verdammt. Und nach Munchs Zusammenbruch tauchen in seinem Werk «Mörder in der Allee» (1919) eine Menge norwegischer Alleen auf. Viele mit klaren Farben, direkt, und dennoch nicht von dieser Welt. Schatten mit klaren Farben.

Die meisten dieser Missverständnisse besitzen ein ablesbares Element aus Fehlinterpretationen eines «südlichen» Materials, oft ist es aber auch ein schwierigeres und weniger greifbares, generelles, sozusagen von Innen kommendes Missverständnis. Das natürlich in dem Sinn nicht zu beschreiben ist, das sich aber durch sehr äusserliche Hinweise erklären lässt.

Zum Beispiel Mondrians Projekt. Der Sprung von der Darstellung von Abbildungen und Verweisen zur absoluten Repräsentanz. Ein verzweifelter Ein-Mann-Ikonoklasmus als Ersatz für brauchbare öffentliche Bewegungen. Die Byzantiner waren einsichtig und rational und ihre Ikonoklasmus-Diskussion hatte Substanz. Mit kühler Leidenschaft diskutierten sie den Preis für die Darstellung einer Wiedergabe des Absoluten. Mondrians Forderung ist bereits ein Missverständnis, indem sie isoliert ist, indem sie nur ihn betrifft. Verfolgt man die Mittel, die für Mondrian auf der Hand lagen, dieser kühle, hysterisch-romantische und soziale Anthropomorphismus, dann hat man bereits das Missverständnis geortet. Doch ist dieses Missverständnis für das Werk Mondrians im engeren Sinn unglaublich fruchtbar, und verantwortlich für die sonderbaren Andeutungen von Kitsch und Sentimentalität, die sogar in den klarsten und reinsten der späteren Mondrian-Bilder die unbewussten Spannungen ausmachen.

Solch wahnsinnige und missverstehende Vermutungen sind südlich der Grenze nicht zu finden. Im Norden gibt es eben keinen de Chirico oder Picasso. Südlich der Grenze versteht es die Rationalität immer, sich durchzusetzen. Nicht weniger bedrohlich oder schwindelerregend einsichtig. Es ist nicht eine intellektuelle, sprachliche Rationalität, sondern eine strukturelle und stoffliche. Man vergleiche die mysteriöse Klarheit und Kühle bei de Chirico mit den kleinen, spekulativen Witzen eines Magritte. Hier ist Magritte das Missverständnis, aber eines der unfruchtbaren. Er zerbrach nicht daran.

Und wenn man an Turner denkt, und was bei seiner abgöttischen Bewunderung des grossen Claude Lorrain herauskam: Übertreibung, Kitsch und Sentimentalität. Und das in solchem Überfluss, dass eine ganz neue Malerei entstand.

Es tropft

Das Frühstück mit weichem dänischem Käse mit den vielen guten Bakterien war von einer langen Diskussion über die Kunst und die Sentimentalität und das möglicherweise sich daraus ergebende Element des Kitsches begleitet.

Wir gingen den Strandweg hinauf, es war Herbst, und alles sah wie üblich zivilisiert elegant aus, die Riviera wäre dagegen das reine Chaos. Aber das hier ist ein stabiles Land, das eine moderate Natürlichkeit ausstrahlt und den Fremden das Gefühl gibt, hier sei gut leben.

Weiter ging es über die flachen Strandwiesen bei Nivaa, dann durch den Wald über den Hügel nach Humlebaek. Es war ein herzzerreissender Altweibersommer. Das ganze Repertoire von gelben, ockerfarbenen und erdroten Farbtönen, es ist kaum zu glauben, dass dies alles aus Grün entstehen kann. Die Natur hat sozusagen die falsche Richtung eingeschlagen auf dem Kompass der Farb-Mischungen: schwarze Baumstämme mit giftgrünen Pinselstrichen, die atmosphärische Verlorenheit der Tiefe. Und am schlimmsten: die weiche architektonische Wölbung über dem Weg. Es war zu viel, und ich sagte zu Michael, was soll man da machen, wenn die Natur selbst so kitschig ist.

Das ist Natur, sagte er, was geht das uns an, wir haben mit Kunst zu tun.

Das klingt ganz nach meinem Lieblingszitat von Storm Petersen, das ich zum ersten Mal in einem Aufsatz im Gymnasium benutzte, und das ich seitdem nicht mehr wiedergefunden habe. Vielleicht ist es auch nur eine Fiktion. «Es tropft leicht von welkenden Blättern, doch was zum Teufel geht das mich an, ich bin ein Zwerg.»

Es ist wie wenn man versuchte, die Quadratur des Kreises zu lösen. Deshalb bleibe ich diesmal beim Kreis. In Louisiana hängt ein Barnett Newman. Tinte auf Papier. Die Form ist rein, die Methode klar und direkt. Mit dem Formalen kann man spielen. Entsteht ein Loch oder eine Massenform, und wie lustig ist es, wenn man mit den Augen zwinkert?

Das Spannendste für mich ist, dass ungeachtet des Reinheitsgrades und der Nüchternheit, und ohne jegliche Zusätze, doch etwas entsteht, das sich nur mit dem Wort «sentimental» beschreiben lässt. Ein deutliches Gefühl, dass etwas beschrieben wird, was auf einem gefühlten Erlebnis beruht. Gefühlt bis zur Schmerzgrenze. Das Unglaubliche bei Newman ist eben, dass jedes seiner Werke mir dieses Gefühl vermittelt. Sogar die reduziertesten und formal gesehen radikalsten Werke stehen an der Grenze zum Banalen. Und so verhält es sich wohl mit jedem Kunstwerk, das sich nicht irgend einer Patentlösung verschrieben hat.

Aleta

«Ach nein,» murmelte er und wälzte sich auf dem Sofa. «Warum habe ich den Mist nicht auf den Kopf gestellt?»

Denn dann müsste ich mir nicht länger den Kopf zerbrechen. Über die Sache mit dem Motiv und dem normalen Raum. Die nicht mehr möglich ist, aber auch nicht einfach weggelegt werden kann. Du hättest alles auf den Kopf stellen sollen wie Baselitz, und der Weg wäre frei für eine linkische, ernsthafte Malerei, voller Inhalte und Motive. Jetzt sitze ich da, mit verlöcherten Strümpfen. Schlage mich herum mit Theorien und Flickwerk. Und entferne mich immer mehr von allem, von einem Flicken zum anderen.

Prinz Eisenherz.

Du gehst nicht ins Atelier, um Dein Gleichgewicht wiederherzustellen, sondern um ausser Dir zu geraten.

Niedlichkeit bedroht mich, vielleicht ist es an der Zeit, ein Bild von Aleta zu malen. Ich kann es schliesslich nicht immer dem Bild überlassen, sich etwas einfallen zu lassen. Das wäre viel zu stilvoll.

Die Expeditionen

Kürzlich sind nacheinander zwei Biographien über die Helden eines meiner Reservate erschienen, eine über Mylius-Erichsen und die andere über Lauge Koch. Um die ersten Reihen meines Walhallas von Polarreisenden zu besetzen brauche ich jetzt nur noch J. P. Koch, Nansen, Wegener und Eigil Knuth.

Zwei ziemlich merkwürdige Bücher sind das. Seltsam unplastisch geschrieben, man weiss buchstäblich nie genau, wo auf der Karte man sich befindet. Aber auch nicht, wie das Wetter, das Terrain, oder von welcher Art das Eis ist. Einiges taucht natürlich in den vielen Zitaten auf, sie vermitteln etwas Präsenz und Stimmung, sie sind aber durchwegs zu zufällig, weil nichts getan wurde, um sie in den Rahmen der Erzählung einzupassen. Denn einen Rahmen brauchen die Autoren dieser Bücher, nachdem sie das gesamte Quellenmaterial und alle Tagebücher in ihrer vollen Länge gelesen haben. Die sie aber in der Form der Erzählung dem Leser nicht näherbringen können. Da wäre das blosse Quellenmaterial schon spannender.

Das Buch über Koch ist so kurz und «jahresschriftartig», dass man fast nicht dazu kommt, die Erzählung zu vermissen; das Mylius-Buch dagegen ist umfangreicher und hat etwas höhere

Ambitionen, und hier tut es wirklich weh. Ich überlege, ob es an der Angst liegt, Stellung zu beziehen und Urteile zu fällen, dass das Buch so unfertig wirkt. Es führt kein Weg daran vorbei: man ist zu Stellungnahmen gezwungen, man muss die Eindrücke beschreiben, die man hat. Dann kommt der Ausweg von allein, indem die Erzählung ihren Lauf nimmt und das Material freisetzt. Ist man aber von Anfang an verklemmt, kommt nichts dabei heraus.

Und es liegt tatsächlich eine ganze Orgie von Material da, und wartet. Dramatik auf allen Ebenen. Einige Bestseller könnten daraus entstehen. Diesbezüglich ist eine der vielen locker eingestreuten Aussagen charakteristisch: Professor Warmings grob formulierte Warnung nämlich, einen bestimmten Zoologen auf die Dänemark-Expedition mitzunehmen. Er würde zu Sorgen Anlass geben, er sei unzuverlässig, ein Stimmungsmensch, der bei einem Rückschlag zusammenbrechen würde. Man erfährt jedoch nie, ob es wirklich so ist, das Thema wird nicht wieder aufgegriffen, vom labilen Jungzoologen hört man nichts weiteres. Entweder sollte das lange Zitat von Professor Warming ganz ausgelassen werden, oder aber die Erzählung muss das Thema wieder aufgreifen und mit ihm das tägliche Drama, die unvermeidlichen Streitereien und all den Spektakel.

So kommt ein beliebiges Zitat nach dem anderen. Sie hinterlassen ein falsches Gefühl von Objektivität, als liesse man die Quellen für sich reden. Das taugt aber nichts, man hat zwar eine Wahl getroffen, der Anlass aber ist unbekannt. Diese «Methode» kann keine Grundlage bilden für ein eigenes Urteil, weil mit falschen Karten gespielt wird. Oder vielleicht gibt es gar keine Karten, vielleicht haben die Autoren selbst nicht ernsthaft gewagt, ein eigenes Urteil zu fällen. Und als Leser hat man dann nichts, worauf zu reagieren wäre, keine Wand, gegen die man anspielen kann. Diese ewigen Zitatbruchstücke, von denen man meist nicht weiss, woher sie stammen, können einem höchstens das unsichere Gefühl vermitteln, es werde einem etwas vorenthalten. Hätten die Autoren eine Erzählung geschrieben, die ihre so grossen Recherchen rechtfertigt, hätte man mit einem «das klingt richtig, dieses hier aber glaube ich nicht» reagieren können. Aus einer anderen Erzählung entsteht ja oft eine eigene Erzählung.

Vielleicht ist aber alles gar nicht so schlimm. Meine Helden sind jedenfalls noch relativ unversehrt. Ich pflege noch immer meine jährliche Lektüre von Lauge Kochs «Nord om Grønland», das eine der spektakulärsten Reisen überhaupt in den nördlichen Gefilden beschreibt, und zwar in einer kristallklar leuchtenden Sprache. Ich kann noch immer ganz für mich allein über das Land der Eisbären fliegen, in der Steinstrasse in Helsingör.

Ich kann mich auch mit dem noch jungfräulichen Projekt über diejenigen Organisatoren beschäftigen, die zu Führern werden und die Arbeit ausführen, die den Rahmen abgibt für das Leben der freien Feldgeologen. Das geschah zum Beispiel mit Lauge Koch. Was passiert, wenn ein hervorragender Reisender und Beobachter zu einem Organisator wird? Diese Verschiebung vom «freien» Feldleben zu Organisation und Verantwortung hat mich schon immer fasziniert. Die «Bürokraten» dieser Expeditionen werden oft übersehen und sind auch weniger pittoresk; aber ich vermute dahinter ein etwas allgemeineres Muster. Und Lauge Koch war so ein Musterbeispiel. Knud Rasmussen auch, aber ein anderes, zudem gleichzeitig. Ihre Entwicklungen besitzen beide tragische Elemente.

Mylius ist das Spiegelbild meiner eigenen Überlebensmechanismen. All die Bücher, die man schreiben müsste, wenn man nicht dort wäre, wo man sich jetzt befindet. Die langen Listen mit

Projekten und Vorsätzen. Die Tür zur eigenen Sentimentalität öffnen, in sicherem Abstand zum Risiko des reinen Kitsches in der Ausführung. Mylius ist die Metapher der Expedition schlechthin.

Der Umschlag des Mylius-Buches zeigt ein Gemälde von Harald Moltke, der als späte Erinnerung die Protagonisten der «Literarischen Expedition» darstellt: Mylius-Erichsen und Knud Rasmussen im Eis der Melville-Bucht. Es ist ein merkwürdiges Bild, riesige Eisgebirge in einer seltsam «kubistischen» Ausführung und in einem etwas beziehungsreichen Licht. Sie tragen beide die Wintertracht der Eskimos. Die Vorderteile der Pelzanoraks erzählen ihre eigene Anekdote: Bei Mylius ist es nur ein kleines Stückchen, Knud Rasmussen dagegen ist besser ausgerüstet. Nach dem Schatten auf seinen Bärenfellhosen zu urteilen, muss es ein ordentlicher Klumpen sein. Im Hintergrund kichert eine Eskimofrau mit einer niedlichen Möse.

«Fram» und Andreas Urteil

För mich beginnt alles mit der grossen Revolution der Sechziger: das heisst mit dem Minimalismus. Der deckt für mich das Ganze ab und ist nicht nur ein enger, kunstpolitischer Genrebegriff. Pop Art und Fluxus sind ein Teil davon, zusammen mit den minimalistischen Kästen und Einzelteilen. Die Bewegung war eine riesige Aufräum- und Entlüftungsaktion. Es ging darum, zum Wesentlichen hervor- oder hinab- oder zurückzukommen, ohne unnötige Schlenker und schmierige Wortkonstruktionen. Nur das Notwendige.

Der springende Punkt war die Frage, ob das Notwendige, und nur das, für diejenigen, die nicht fett werden wollten, auch effektiv das Notwendige beinhaltete. Das Problem bestand zum Teil darin, dass die heilige Notwendigkeit zur sprachlichen Legitimation dieses Wirrwarrs gehörte, das man abschaffen wollte. Es gab überhaupt Probleme mit den Wörtern. In jeder Hinsicht, vor allem aber wegen des Bedürfnisses, einen Überbau zu kreieren, der vorgab, etwas ganz anderes zu sein. Sehe ich die alten Texte durch, dann staune ich, wie wenig direkt sie sind, gespickt mit «name-droppings», kumpelhaftem Jargon und Besserwisserei, sowie einem unersättlichen Bedürfnis, zu beeindrucken. Oberflächlich betrachtet mag als Entschuldigung dienen, dass wir uns mitten in etwas fühlten, dessen Tragweite niemand verstand.

Doch es verdeckt auch ein tieferes Problem, dem die schöpferische Energie nicht in die Augen blicken wollte und wofür wir vielleicht auch noch nicht alt genug waren – Gottseidank. Dass man nämlich ohne das in der Situation nützliche Wortgehabe, mit nackten Banalitäten dagestanden wäre. Und zwar nicht mit schicken und «ideologischen» Banalitäten, diesen entscheidenden Öffnungen der Trivialwelt, sondern mit den normalen und ewigen Banalitäten. Es gehörte auch zur Arbeit mit der künstlerischen Stofflichkeit an sich, dass einem die reinen und sauberen Attitüden nur für Sekunden jeweils unbefleckt und unbestechlich vorkamen. Danach war alles wieder beim alten, auch wenn es immerhin ein Vorher und ein Nachher gab. Dieses scheinbar unvermeidliche Paradox, dass auf dem Grund des reinen Willens zur Klarheit alles «mystisch» wurde und sich in sein Gegenteil verkehrte. Und das «Mystische» waren schliesslich die bekannten Schwierigkeiten und Banalitäten, obwohl wir es eine Zeitlang mit schwarz-weiss, mit Quadraten und mit anderen monochromen Verlängerungen versuchten.

Wenn die Zeit vergeht und die biologische Maschine älter wird, akzeptiert man als Künstler wohl den banalen und allgemeinen Charakter des Einfachen und Unmittelbaren, und es erhält den Charakter von Notwendigkeit. Und sei es auch nur, weil die Zeit vorbei ist. Vielleicht ist es ein biologisches Gesetz, dass diese «Simplizität der Notwendigkeit», die während der Jugend als ungewöhnlich und als eine Entdeckung für nur Ausgewählte erlebt wird, dem Älteren als ganz normal erscheint.

Alle künstlichen Verlängerungen sind pathetisch. Die Blitz-Bewegung Fluxus ist heutzutage eine sonderbare Nekropolis.

Nichts als gutgemeinte didaktische Übungen und Therapie. Und ironischerweise mit einem wachsenden Materialverbrauch, verfolgt von der Aufmerksamkeit von Medien und Institutionen. Die Leichtigkeit des Atems ist dahin. Lange kann man den Atem natürlich nicht anhalten; hat man sich in den Morast hineinbegeben, will ich daraus niemandem einen Vorwurf machen, es sei denn, man versuche vorzugeben, es sei alles so gewesen wie es war. Kommt man aber wieder zu Atem und bewegt sich im Dreck weiter vorwärts, dann muss man die Illusion der Sonderstellung aufgeben und die «Normalität» hinnehmen.

Wozu dieser schmale Weg zur gestellten Aufgabe, aus der Gemäldegalerie der Akademie auszuwählen und zu der Wahl zu stehen? Eine Begegnung mit der Geschichte, wie es wohl heisst. Weil ich versuche, an dem festzuhalten, was ich für eine alte Tugend halte: alles so einfach und geradeheraus zu tun, wie nur möglich. Weder die Aufgabe mit interessanten Details zu verzieren noch die Möglichkeiten auf den Zwischenebenen zu verdoppeln, noch anzugeben oder interessant sein zu wollen, zu manipulieren oder die gewählten Werke zu reduzieren. Ich will ganz einfach, sozusagen ganz naiv, versuchen daran festzuhalten, dass es um etwas geht.

Fundamental gesehen geht es um die Wiederholung, oder darum einzusehen, dass alles schon einmal dagewesen ist. Das ist das eigentliche Paradox am Grunde des Brunnens der Klarheit. Dass die Hand, die malt oder formt, an die Wiederholung gerät, an das grosse Déjà-vu. Deshalb geht dieses handgemachte Genre auch so langsam vorwärts. Aber das ist schliesslich mein Handwerk.

Die Hand trifft auf bestimmte, geladene Strukturen. Geladen mit Bedeutungen, zu denen sprachliche, historisch bestimmte

Anekdoten und Metaphern gehören. In einem gewissen Sinn ist es diese sprachliche Festgelegtheit, der wir entfliehen und von der wir befreit werden möchten.

Ganz kommt man um die Meta-Mechanismen nicht herum: Die eigene biologisch bestimmte Schichtung, die vergangene Zeit, ist ein solcher Mechanismus. Für die historischen Begegnungen habe ich ältere Bilder ausgewählt, Bilder, die für meine Geschichte historisch sind. Dem Stilleben von Piet Boel habe ich ein eigenes Bild von 1982 gegenübergestellt, «Fram», weil die zwei Bilder dieselbe Struktur besitzen, dieselbe knirschende Tektonik und einen vergleichbaren Raum. Es geht keinesfalls um ein interessantes Zusammentreffen, sondern allein darum, dass ich damals solche niederländische Stilleben betrachtete. Mit anderen Worten, ich stelle meine Quellen aus.

Der Grund, warum ich mich damals so intensiv mit solchen Bildern beschäftigte, ist, dass mir ein Licht aufgegangen war. Bis dahin waren sie alle nur «Stilleben», holländisch, historisch, ein total langweiliges Genre, eine Ware. Das Licht, das ich gesehen hatte, war das Licht des «Universums», eine furchtbar dramatische Schilderung des Lebenslaufes: dass man nur ein Käse war am Rande einer fragilen Welt, bedroht vom Fall in die verlockenden Falten, und das alles in einem Raum und Universum ohne Richtung und ohne Gewissheit über das Licht. Diese Worte beschreiben anekdotisch die strukturelle Kraft, die ich plötzlich in diesen Bildern sehen konnte. Es war ein entscheidendes Erlebnis und half mit, eine Spaltung zwischen «Sinn» und «Formalismus» zu überwinden, die ebenfalls ein dogmatischer Ausläufer des grossen Schubes der Sechziger war.

Mit Andreas Urteils Bronzerelief rühre ich ohne Scheu an den Problemkreis der «Figuren». Es mag an der Grenze des Erlaubten sein; wenn ich aber mit diesem Hinweis das Verständnis für meine eigenen Bilder erleichtern kann, dann ist das gerechtfertigt. Verständnis im Sinn, dass sie etwas «bedeuten», etwas erzählen, und dass dieses Etwas von einer Figur dargestellt wird. So einfach, dass sich in dem stofflichen Sumpf mehr oder weniger verwischte Normalfiguren verbergen, ist es allerdings nicht. Sie bestehen eher aus einer kaum erklärbaren Mischung von «Inhalt», «Ursache» und «Stofflichkeit». Die sprachliche Falle, die in den Begriffen «Inhalt», «Geschichte» oder im Bild der «Natur an sich» liegt, macht es hinfällig, etwas zu erklären. Diese Unterscheidungen haben nichts mit der Wirklichkeit zu tun. Sprachlich lässt sich die Sache nur über ein Paradox lösen: nur wenn ein Bild «Inhalt» hat, kommt es zu sich selbst und wird zu «Stofflichkeit» (wobei der «Inhalt» zur «Ursache» wird).

Dieses Weben mit Worten, dieses Schweben zwischen den zwei möglichen Stützen, das ist die wahre Kunst. Man kann das kaum in eine Kategorie zwängen oder sich in Beziehung setzen dazu. Es soll aber auch nicht verwechselt werden mit Unentschlossenheit oder damit, sich lyrisch in einem Bild zu ergehen. Es erfordert im Gegenteil sehr viel Entschlossenheit und sehr viel Mut, auf Lösungen von Systemen zu verzichten.

«Figur» ist auch der Ort, wo die Probleme mit der eigenen Sentimentalität am deutlichsten zum Vorschein kommen. Vor allem bei den Skulpturen entsteht dieses Problem, bei den Bronzeskulpturen. Die Figur taucht aber auch in den Gemälden auf, hier kann man sie als Scherben jedoch leichter wiederfinden und diese lassen sich, nicht mehr ganz vollkommen allerdings, zusammenkleben (Uhu der Alleskleber). Richtig mühsam wird es natürlich, wenn die Sentimentalität mit dem Motiv zusammenfällt, wenn es aussieht, als würde das eine aus dem anderen geboren. Wenn also die umherirrende Sentimentalität auf ein äusseres Motiv trifft, dann sieht es aus, als sei das Motiv von diesem Gefühl beseelt, oder das Motiv weckt ein solches Gefühl. Das ganze Bild sieht vertrauenerweckend aus und ist voller einleuchtender Erklärungen und echter Gefühle. Das ist die brave und uninteressante «Sentimentalität», gewöhnlich, schlaff und trivial, ohne interessante Zwischenebenen. Je mehr meine Bilder Motive zitieren und «Argumente» ausleihen, die mit der sogenannten nordischen Natur zu tun haben, um so grösser werden die Probleme, in denen ich stecke. Es entsteht eine falsche Allianz, die meine eigentlichen Motive verdeckt. Und das schlimmste ist, dass sie am Ende mich selbst verführen, und damit einen nationalen Künstler aus einem kleinen skandinavischen Land.

Was soll man eigentlich mit Künstlern auf Film?

Kunst lässt sich aufgrund ihres Wesens nicht als Film betrachten, hier ist die Zeit der einschränkende Faktor. Ein Gemälde oder eine Skulptur ist gegen die Zeit gerichtet. Es ist ein Betrachten ohne Zeit. Zwanzig Sekunden Film mit dem gleichen Bild reicht jedoch aus, dass jeder vom Hocker fällt. Ist von Kunst die Rede, dann sind es die Werke, die zählen. Die Künstler aber, die die Werke geschaffen haben, sind nur Anekdoten und Medienfrass und Bestandteil der kulturellen Unterhaltung.

Die meisten von uns müssen aber zugeben, dass sie hie und da schon Filme oder Fernsehprogramme über Künstler gesehen haben, die spannend und mitreissend waren. Biographische und anekdotische Stoffe sind nicht ohne weiteres von der reinen und puren Kunst zu trennen. Vielleicht stammt die Irritation und das Bedürfnis nach Reinheit daher, dass viel zu viele Fernsehprogramme mit Künstlern zu schulmeisterlich verpackt und deshalb ganz einfach nicht gut sind. Zu viele Programme sind ein Nichts, getarnt als Diskussion. Das ist es, was sich alle wünschen: Diskussion anstelle von Kunst. Dann stehen sie da und schauen besorgt und gütig drein. Einen Künstler kann man höchstens als Diskussionsteilnehmer oder als Vortragender gebrauchen. Die Kulturminister sagen «Diskussion», statt zu antworten. Wann ist ein Kulturminister schon authentisch, und damit meine ich ein Mensch mit einem wirklichen, authentischen Verhältnis zur Kunst? Dauernd versuchen sie nur zu beweisen, dass sie ein wunderbares Verhältnis zur Kunst besitzen, so der Typ Erst-neulich-war-ich-mit-meiner-Tochter-im-Kino. Mit Bodil Koch konnte man verschiedener Meinung sein, man konnte sie für unausstehlich halten, nie aber musste man an ihrer Authentizität oder an ihrem Verhältnis zur Kunst zweifeln. Sie brauchte es nicht zu beweisen und sie hatte auch kein Bedürfnis, zur falschen Zeit ins Kino zu gehen.

Deshalb sollte man als Künstler vielleicht in seinem eigenen Winkel bleiben. Oder es ergibt sich eine natürliche Selektion. Die Auswahl des Fernsehmediums ist aber mit Sicherheit die schlechteste. Wie ein Leitmotiv tauchen dort rhapsodisch und unwissend Einzelteile und Bruchstücke auf, im grossen nationalen Medium. Das einzig wirklich Besorgniserregende ist aber, dass es mit all dem anderen, das am Fernsehen erzählt wird, und von dem ich nichts verstehe und keine Ahnung habe, ebenso schlimm aussieht. Aber so ist es eben: Ich verstehe etwa gleichviel von Finanzverhältnissen wie Finanzleute von Kunst. Da begreift man auch besser, warum sie die Kunst kaufen, die sie kaufen.

Es ist ein Jammer und ganz unverständlich, dass man da mittendrin lebt. In meiner Jugend habe ich einmal im Thorvaldsen-Museum Filme über Künstler gesehen. Es waren sicher ganz banale «Dokumentar»-Filme, bei denen ich heute, wenn ich sie wiedersähe, zusammenbrechen würde. Aber vom Ende des Zeittunnels her schweben mir noch immer aufblitzende Bilder entgegen. Dinge, die ich damals plötzlich verstanden habe, Zusammenhänge wie Moores Zeichnungen von Schlafenden im

Londoner Untergrund während des Krieges. Graham Sutherland in der Provence mit Somerset Maugham. Ein Schimmer von Werkzeugen und Bewegungen, Momente von reiner Handwerksauthentizität, denen es gelang, durch die sprachlich arrangierte Oberfläche zu dringen.

Die Wirklichkeit dringt ab und zu durch das geschlechtslose und belehrende Gerede: Farbe, die aus der Tube gepresst wird, die schiefe Abnutzung eines Pinsels, die Mischung der Farben – all diese wirklichen Momente, die gegen die falsche Mythologisierung gerichtet sind und mit kultureller Bildung nichts zu tun haben, weil sie Handwerk sind. Das ist die wirkliche Reportage, mitten in der Fernsehreportage oder dem Kulturfilm. Die im eigentlichen Sinne vielleicht am stärksten abfärbt, auch wenn die meisten bei der sprachlichen Wiedergabe vor allem den allwissenden und belehrenden Redefluss in Erinnerung behalten.

Es kommt vor, dass mitten im Erbsilber ein Schimmer aufblitzt. Kurze Reflexe von etwas Wirklichem inmitten eines konstruierten Betrugs. Der richtige Prozess ist in diesen Medien natürlich nie zu sehen. Man kann so tun, als habe man ihn gesehen, man kann mit der Vorstellung spielen, das Geheimnis des Prozesses transparent zu machen, wie Picasso und Clouzot es in ihrem Film tun. Dieser Film ist in seiner Fiktion so direkt und naiv, dass er auf eine ganz andere Art Einsichten vermittelt, als er vorzugeben scheint. Wie wenn man tiefer sehen könnte, weil der Maler auf Glas malt. Das ist eine reine Fiktion.

Und die Fiktion ist eine der wenigen Möglichkeiten, Kunst überhaupt in den Film einzubringen. Picasso ist gut, so lange es im Clouzot-Film um die schnelle Filzstiftmalerei geht. Das ist eine coole Darlegung seines Repertoires, der Signaturen, und sie führt die Transformationen vor. Das ist überaus lehrreich, aber keine

Kunst. Im Film kommt Picasso dazu noch in die Klemme, als er richtig malen soll: Er kann seine Aufgabe nicht meistern, entscheidet sich dann aber, es als Demonstration zu betrachten, wie schwierig es ist, und wie weit entfernt er ist von der Zeit des Films – trotz Schnitten und Verkürzungen.

Wenn ich jeweils selbst aufgetreten bin, fühlte ich mich daher auch in jenen Programmen am wohlsten, in denen ich mit oder auf einer sogenannten Paintbox malte. Das ist eine völlig unpersönliche Zeichenmaschine, auf der ein Strich schnell gezogen ist, und das Ganze gerät zu einer Demonstration der Zeichensignaturen, die mir in dem Moment zu Verfügung stehen, und zeigt auf, zu welchen Transformationen sie führen könnten. Das ist alles, und niemand hielt es für richtige Malerei. Viel unwohler war mir hingegen, wenn ich in meinem Atelier aufzutreten hatte und so tun musste, als arbeite ich.

Fiktion. Als ich meinen Film über Asger Jorn machte, war das mein Ausgangspunkt. Jorn war tot, ich war ihm nie begegnet, er war aber in meinem Künstlerleben sehr präsent gewesen. Ablehnung und Anziehung, eine Fiktion meines Lebens. Und es gab keine anderen Quellen als das, was er zurückgelassen hatte, eine Reportage war ausgeschlossen. Die Fiktion des Films war also die Rekonstruktion einer Figur, eines Lebens, bestimmt vom Nachlass und von meinen Fragen. Deshalb wurde es vor allem ein Film, der um die Wahl geht und darum, warum in einem bestimmten Leben in einer bestimmten Zeit vielleicht vieles anders war. Um die mögliche Souveränität einer Wahl, ihre Unvermeidlichkeit und Melancholie. Ich wollte, dass diese Fiktion, dieser Handlungsstrang, als eine selbständige Geschichte erlebt würde, ohne eine Legitimation durch die Berühmtheit der Werke. Daher ist im Film kein einziges richtiges Gemälde zu sehen. Etwas, das die wenigsten überhaupt registrieren. Ein Gemälde passt nicht zur Zeit des Films, es ist immer ein Betrug, wenn die Kamera herumsucht und zoomt, als wolle sie den Sehprozess nachahmen. Und ein allwissender, belehrender Kommentar des Sprechers wurde auch ausgeschlossen. Stattdessen benutzte ich Jorns eigene Texte, oft ohne einen direkten verstandesmässigen Zusammenhang, sondern eher aufgrund eines intuitiven «Gefühls». Das muss sich unmittelbar mitteilen, denn als Zuschauer hat man keine Möglichkeit, den Argumentationsaufbau einer schriftlichen Mitteilung zu kontrollieren.

Jorn war ein so grosser Künstler und eine so entscheidende Figur, dass kein Bedarf bestand, ihn als Helden zu mythologisieren. Schon sein Format liess das nicht zu. Und ich war sozusagen bereits immun gegen diese Möglichkeit, weil ich ein paar Dinge zu verstehen versuchte, die auch für mich eine entscheidende Bedeutung gehabt hatten.

Und schliesslich war er nicht mehr da. Aber Wilhelm Freddie schon. Deshalb war die Methode hier umgekehrt: Nur die Person war im Bild, mit ihrer eigenen Fiktion. Und die treibende Kraft war auch hier ein Suchen nach Antworten oder nach einem brauchbaren Ausleuchten von Problemstellungen, die für mich von entscheidender Bedeutung waren. Diese Methode braucht Unmengen von Zeit. Sie bedeutet eine Abkehr von der zurechtgefeilten und kleinlichen Kurzfilmtradition, die innerhalb des Fernsehmediums so überaus erfolgreich ist, wo alles bereits aufhört, bevor es begonnen hat. Lass den Mann doch ausreden, hiess meine Idee. Die grosse Idee, die paradoxerweise im Gerücht von Warhols Acht-Stunden-Film eines schlafenden Mannes ihren Ursprung hatte.

«Geologie – ist das eigentlich eine Wissenschaft?» ist ein Stück Selbstbiographie. Das lässt sich in gewissem Sinn von allen Filmen eines Künstlers sagen, in diesem Film aber ist es das direkte Motiv. Der Film sucht eine Landschaft auf und versucht, in weitestem Sinn ein Milieu zu rekonstruieren, das für den Künstler als jungen Menschen entscheidend war. Die Fiktion besteht ja darin, dass es ein Unterrichtsfilm sein soll.

Und warum auch nicht?

Positionsbestimmungen?

1956

Am Wochenende fuhren mein Freund Gunnar und ich mit dem Rad hinaus in die Natur. Im Rucksack hatten wir Papierrollen von der billigsten Sorte. Unsere Tuschfedern schnitzen wir uns aus dem Schilf der Seen des Nordseelandes. Das hatte auch Van Gogh getan, lasen wir bei Irving Stone. Oft malten wir sehr grosse Tuschezeichnungen, das Papier breiteten wir auf der Erde aus und beschwerten es mit grossen Steinen an den Ecken. Das hatten wir nirgends gelesen.

Ich habe diese Geschichte schon früher erzählt. Es kann auch ein anderes Jahr gewesen sein, aber kürzlich fand ich ein paar Zeichnungen von damals. Maschinenpapier und grobe Tuschestriche. In der Ecke steht 1956.

Alles findet sich schnell und gut zusammen. Vor allem, wenn Träume in Erfüllung gehen. Ich träumte davon, Künstler zu werden, ein grosser Maler. Auch Gunnar träumte, wir träumten im Takt. Er war der bessere Zeichner, vielleicht war das sein Problem. Eigentlich war das mehr so eine Idee, dass ich Künstler werden wollte. Unser Zeichenlehrer in der Mittelschule war ein Künstler, aber sein Geld verdiente er als Zeichenlehrer. Künstler waren arm und schlecht gekleidet.

Im Winter besuchten wir Ausstellungen und verbrachten viel Zeit in den Museen. Glücklicherweise war der Eintritt umsonst. In den Zeitungen lasen wir Rezensionen über die Ausstellungen der dänischen Künstler-Gruppen, schnitten sie aus und unterstrichen, was uns wichtig erschien: dänische Landschaften und Ansichten, dänische Zeichner. Besonders unter den Zeichnern gab es Leute, die wir aufgrund ihrer besonderen Tricks mit dem Strich bewunderten. Am besten waren sie, wenn sie, tief und wollig, das dänische Wetter darstellten. Die dänische Grafik zählte ohne Diskussion zur besten der ganzen Welt! Schwarz-weisser Ernst und voller Wirklichkeit und Humanismus.

Während ich dies schreibe bin ich weit weg von Lexika und anderem Quellenmaterial, ich kann daher nicht nachschlagen und prüfen, wieweit ich mich bezüglich des Faktischen etwa täusche, wenn ich mich an die Zeit erinnere, als sei sie ohne Verbindung mit der Umwelt gewesen. Aber wenn ich an die damalige dänische Kunst zurückdenke, ist sie in einer Welt für sich, ohne störende und fremde Radikalität. Vielleicht gab es sie, vielleicht hatten die wenigen Kunsthändler, die damals existierten – wie Börge Birch – etwas davon in der grossen Welt gezeigt. Aber ich weiss, dass man das nicht nachschlagen kann, und für einen jungen Menschen mit einem durchschnittsbürgerlichen Hintergrund war es eine verschlossene Welt, die sich anbot. Vielleicht bietet man auch sich selbst in dem Alter nur für gewisse Dinge an. Vielleicht braucht man eher einen Van Gogh von Irving Stone als einen Van Gogh des «Modernismus». Ich erinnere mich, dass ich später fand, ich sei während dieser Jahre fürchterlich getäuscht worden. Hätte ich doch nur schon viel früher etwas gehört, von

Pollock, Newman usw. All das Moderne. Jetzt bin ich mir allerdings nicht mehr so sicher, ob das einen grossen Unterschied gemacht hätte. Vielleicht ist es in dem Alter wichtiger, zu verschwenden und Fehler machen zu können. Vielleicht macht das einen erst zu dem, was man ist. Würde ich mich näher damit beschäftigen, würde es ein gewaltiges und endloses Werk. Schon wenn ich nur erst richtig beginne, erinnere ich mich an alles. Und alles erscheint mir gleich wichtig. Daher lasse ich es besser, es ist zu verführerisch. Das Gefühl, betrogen worden zu sein, hatte vielleicht vor allem mit einem umfassenden Mangel an Leidenschaft zu tun. Dann lieber Irving Stone.

Einen Sommer lang gingen Gunnar und ich im Nordseeland auf Wanderschaft und sahen uns Kalkmalereien an. Wir malten blühende Obstbäume wie Van Gogh, er begleitete uns ständig, und betrachteten die Kalkmalereien, vielleicht weil die dänischen Expressionisten (oder wie man die nennen soll, diejenigen aus den glücklichen Tagen vor Cobra, die während des Krieges alles entdeckten) es auch getan hatten. Irgendwo begleitete uns das unter der Oberfläche, und das ist deshalb interessant, weil wir zu dieser naheliegenden, provinziellen Radikalität sonst keinen Zugang gefunden hätten. In unserer vagen Uninteressiertheit teilten wir wohl die vorherrschende Ansicht, es handle sich um eine verschrobene Laune ohne Ernst und Humanität. Aber die Kalkmalereien liebten wir auch.

Im Thorvaldsen-Museum zeigten sie Filme über Künstler, im grossen Saal dieses prächtigen Museums, das immer so kühl wirkt, weil die «Antike» hier im Norden so kühl wirkt. Mitten unter Riesenmonumenten von Päpsten und Königen, Dichtern und Gräfinnen, schnurrte der 16-mm-Apparat. Den grössten Eindruck machte uns ein Film über Graham Sutherland. Vielleicht weil das auch kühle Kunst war. Ich habe seitdem nichts mehr von ihm gesehen, vielleicht besitzt er deshalb in meinem System einen unverdienten Kredit; oder ist er zu Recht in Vergessenheit geraten?

Auch die hervorragenden Beispiele der Kunst von Matisse im Staatlichen Kunstmuseum (wo man heute Eintritt bezahlen muss) vermittelten uns diese Kühle, doch berühren taten sie mich nicht. Dann lieber hinunter in den Keller, in das Kupferstichkabinett. Während der Wintermonate dort sitzen, einen Sonntag nach dem anderen (vielleicht waren es doch nicht so viele Sonntage, wie in meiner Erinnerung stehen, man könnte es in dem grossen Buch nachschlagen, in das man sich einzuschreiben hatte) und sich alles, wonach einem verlangte, von stummen Männern in schwarzen Jacken bringen lassen. Einfach alles konnte man sich bringen lassen, und das verlangte nach einem System. Ich entschloss mich für dänische Kunst von ihren Anfängen an. Da gab es nicht sehr viel, bis man zu Abildgaard kam. Abildgaard war damals für die Kunstinteressierten eine fast unbekannte Figur. Eine Fussnote in der gängigen dänischen Kunstgeschichte, geschlagen mit der üblichen Verachtung des kalten, gelehrten und staubigen Klassizismus. Steifbeinig, konstruiert, unmalerisch. Kunst hatte naturalistisch gefügig, gefühlvoll und vor allem «unwissend» zu sein (um nicht das schwierig zu handhabende «un-intellektuell» benutzen zu müssen). Ein Künstler, der nicht ein klein wenig dumm war, machte sich verdächtig und war ganz sicher nicht ein richtiger Künstler. Ich blätterte mich durch all die unzähligen Abildgaard-Zeichnungen und entwickelte in der Beziehung eine gewisse Kennerschaft. Ich glaube auch, dass ich damals meine Bereitschaft entwickelte, meinen Kopf zu gebrauchen, wie sich dies Anfang der sechziger Jahre zeigte. Vielleicht zeigt sich hier aber auch nur der Wunsch, den letzten Teil des Puzzles an seinen Platz einzusetzen. Sicher jedoch blieb für den Rest meines Lebens eine Saite und eine Kantigkeit von diesen Zeichnungen in mir. Ich glaube, sie wurden zu Backsteinen.

Als Abschluss dieser Zeit, eingeschlossen in eine tropfende Natur und in Träume mit Überdruck, ohne Zutritt zur Welt dort draussen oder zur Geschichte, schrieb ich einige Jahre später in der kommunistischen Tageszeitung *Land & Folk* einen Artikel über das Böse der modernen Kunst. Über ihre Loslösung von der humanistischen und der daraus resultierenden politischen Verpflichtung, über ihre Unredlichkeit und ihre Verbundenheit mit der herrschenden, bürgerlichen Klasse der Ausbeuter. Der Artikel war illustriert mit einer Zeichnung aus einer satirischen, sowjetischen Zeitschrift, die ruchlose Künstler darstellte, welche auf jede denkbare, merkwürdige Weise versuchten, Kunst zu machen, indem sie von hohen Leitern Farbe kippten, Staubsauger benutzten und ihre nackten Füsse usw. Ich schrieb diesen Artikel nach vielen einsamen Spaziergängen im Wald und aus tiefster Notwendigkeit. Der Ballon war geplatzt.

1962

Es war in einem Hinterhof im Kern von Kopenhagen. Eines vormittags trat ich in die Räume der
Ich wollte lernen, wie man Radierungen macht. Abgesehen davon wusste ich sehr wohl, was ich wollte. Ich traf auf einen etwas älteren Herrn mit einem grossen Bart, der darauf bestand, nicht älter zu sein als ich. Er brachte mir sofort bei, eine Radierung anzufertigen, und einem solchen Mann schliesst man sich an. Am nächsten Vormittag kam jemand, der Andersen hiess, und hielt am

Mittagstisch eine Art Vorlesung über einen Russen, der Vierecke malte und die Welt verändern wollte. Das wollte ich auch, und daher wurde ich Redakteur der Zeitschrift Clarté und war gegenüber den jungen Kommunisten sehr energisch. Ich besuchte auch Vorlesungen an der Universität und abends die Kneipen und träumte von Frauen, und im Sommer fuhr ich nach Grönland und machte das grosse Geld. Die Geschichte habe ich schon einmal erzählt. Es war nicht verboten, zu malen, nur gab es in diesem Zusammenhang so viel anderes, dass ein einzelnes Gemälde als ziemlich phantasielos galt. In der Bruderschaft machten wir alles gemeinsam. Arbeiteten uns mit den Händen durch das ganze zwanzigste Jahrhundert, holten den ganzen Kram ein und malten uns hinaus in den Raum und in die Gesellschaft, glaubten wir – unbehindert von kleinlichen Signaturen.

1963

Als ich im Herbst aus Peary Land zurückkehrte – der nördlichste Mann der Welt – versuchte ich, den Eisbären zu malen. Als dies nicht gelingen wollte – nur nachts fuhr ich auf, als ich das Brausen des Wildbachs in den Bäumen des Gartens hörte – schnitt ich Frauen aus Modezeitschriften aus und benutzte sie als Vorlagen für ein modernes Gemälde. Mit Lackfarben der billigsten Sorte. Ein fürchterlich gewöhnliches Gemälde, es war so profan, dass es als Gar-kein-Gemälde durchgehen konnte, und wurde Bestandteil der neuen Bewegung.

Als die erste Fussgängerstrasse in Kopenhagen eingeweiht wurde, betrachteten wir das als einen Sieg der Vernunft des Fussgängers und demonstrierten die ganze Strasse entlang mit Schildern, die nur aus Farbe bestanden. Diese Kundgebung hinterliess eine leicht aggressive Verwunderung. Heute versuche ich, diese Strasse um jeden Preis zu meiden.

Es war also alles bei uns angekommen. Durch die Luft, oder durch Blicke in amerikanische Kunstzeitschriften, die wir uns nicht leisten konnten, Gerüchte und umherschwirrende Künstler. Es war alles vorhanden, in einer kleinen aber intensiven Version. Und alles musste ausgeführt werden, zu dieser Ahnung war man verpflichtet. Was für eine Zeit.

Ich habe weiter gemalt, denn das Material war ein anderes, Lackfarben und Hartfaserplatten, die darüber hinaus «systemisch» waren in ihrer ewig gleichen Grösse; man konnte das kaum Malerei nennen. Die Malerei war ausgelaugt und geriet zu leeren Bewegungen in einem kommerziellen Kreislauf von niederen und privaten Forderungen. Ausgeübt von Leuten, die berühmt werden wollten.

Jeden Sommer begab ich mich hinaus in die wilde Polarnatur, und das setzte Grenzen für die theoretischen Forderungen. Politisch hatte ich mich so ernsthaft betätigt, dass ich immun war für romantische Strömungen.

Brüder, das waren wir, aber die Zeit verging.

1971

Mit Mik und Teit fuhr ich nach Mittelamerika, um einen neuen Anfang zu finden. Auch diese Geschichte habe ich schon einmal erzählt. Vielleicht aber nicht so zielgerichtet. Jetzt passen die Hosen.

Für mich hatte diese Expedition nicht so sehr das Ziel, die Maya-Kultur zu entdecken, sondern war eher die Suche nach einem brauchbaren und elementaren Massstab. Die Bruderschaft war nicht mehr zusammen, was früher Abenteuer und grosse Forderungen bedeuteten, war nunmehr Sinn und Pädagogik. Das Malen musste aufhören, es war sinnlos. Das war die neue Basis des Ganzen: sinnlos und daher gefährlich. Jetzt sollte etwas stehen auf den Schildern.

Mik und ich stürzten uns in das Studium der Maya-Kultur (das heisst, Mik wusste schon eine Menge). Ein wahrhaft sinnloses Wissen. Und die Expedition war als solche ebenso zwecklos. Für mich hatte sie allerdings einen versteckten Zweck: ich wollte versuchten, einen Massstab zu finden, der mich mit der alltäglichen Malerei in Kontakt bringen konnte, einen unbegründeten, aber naiven Massstab, der es ermöglichen sollte, in dem heillosen und chaotischen Durcheinander zu sehen und zu wissen und dennoch Bleistift und Pinsel benutzen zu können.

Ich fühlte, dass der herrschende Massstab so abstrakt und unstofflich geworden war, dass man ihn nicht mehr gebrauchen konnte, wenn man selbst mitten im Dreck steckte. Der Massstab war so gross geworden, dass er ganz einfach nicht mehr registrieren konnte, was im Bild vor sich ging. Und das wollte ich. Warum?

1977

Nahm ich eine Tube in die Hand und quetschte vorsichtig etwas Ölfarbe auf die Palette, fühlte ich ein riesiges, historisches Gewicht auf meinen Schultern ruhen. Um alles noch feierlicher zu machen, begann ich mein zweites Leben mit diesem historisch belasteten Material in einem Sommer in Griechenland. Dort hockte ich in der Nachmittagssonne, einen Fetzen Leinwand auf das Malbrett gespannt (ein zusammenklappbares), mit Zeichenstiften, drückte vorsichtig die Farbe heraus und begann, die verdorrte Landschaft zu malen. Ganz von Anfang an. Und ich musste erkennen, dass es gar keinen Anfang gab, alles hatte es schon einmal gegeben, alles war – volkstümlich ausgedrückt – relativ. Das passte zwar zur theoretischen Entropie-Metaphorik der sechziger Jahre, aber hier war es eine eigenhändige Erfahrung.

Zwischendurch kam Michael Werner. Darüber sollte man nicht zu viel erzählen, der Mann ist schliesslich Kunsthändler. Aber Michael hat meiner Kunst, indem er sie abwechslungsweise zu sich heranzog und wieder wegstiess, eine Richtung gegeben, er hat meine Kunst aus dem engen dänischen Milieu herausgehoben, er experimentierte mit möglichen und unmöglichen Klonen, er brachte mich in Situationen, wo ich die Wahl treffen musste. Entschlusskraft als Gegengewicht zu malerischem Lyrismus. Doch erst musste ich überhaupt herausfinden, was die Malerei eigentlich für mich bedeutete. Das war meine eigene Angelegenheit und die gab es schon vor Michaels Programm.

Bis Mitte der siebziger Jahre war der dänische Blick vorwiegend auf Amerika ausgerichtet. Es hatte ein paar deutsche Kontakte gegeben, Immendorff, Beuys, Polke, doch das ging eher auf das Konto des Andersartigen, das hatte mit Fluxus zu tun, mit Happenings, mit der utopischen Politik, mit all dem, was noch übrigblieb, als die Sechziger zu Ende gingen. Nicht dass man das verleugnen soll, aber die Klamotten passten nicht mehr. Warum nicht? Vielleicht, weil es, nach dem unbefleckten Geburtsaugenblick, als ein erster Schritt Sinn machte und pädagogisch angewendet werden konnte. Und irgendwie – wie und warum? – wurde ich in diesen stummen und stofflichen Mischmasch hineingezogen. Was man darüber hinaus aus dem deutschen Raum über Kunstzeitschriften und dergleichen erfuhr, war Lehrer-Kunst, eine Zwischen-den-Stühlen-Kunst, die sich immer wieder unverbindlich zwischen «Konzept» und «Mystik» vertonte, allseits pädagogisch abgesichert.

Ich hatte meine Schwierigkeiten mit dem Deutschen, als Däne. Die Okkupation und auch davor. Und dann Michaels mürrische Art, echt deutsch. Auch gefielen mir die deutschen Herren nicht, die ich traf und gar nicht kannte, Lüpertz, Baselitz, Penck. Bei Kiefer und Immendorff gab es immerhin einen polemischen Draht zu den Sechzigern, den ich kapieren konnte. Doch jetzt befand ich mich mittendrin, und der chemische Prozess hatte begonnen. Die Leinwände wurden grösser.

1982

Helmstedter Strasse. Berlin. Sass einsam da und sah aus dem Fenster auf ockergraue Mauern, grünmorsche Baumstämme und graue Fensterkreuze.

Ich fühlte mich verlassen. Zeitgeist in Berlin, und diese ganze euphorische Stimmung, ich fühlte mich aussen vor. Nur ein klitzekleines «gegenständliches» Element, hiess es. Und ich tat, was ich konnte, aber es wollte nicht werden. Ich stand kurz vor dem Ausschluss, weil ich zu abstrakt war.

Von da an habe ich selbst mich ausgeschlossen gefühlt. Ich habe die Fahrrinne verlassen und lasse mich treiben, und Positionsbestimmungen ergeben auch keine Seekarte.

1989

Es stimmt noch immer nicht. Aus dem «Abstrakten» haben sich merkwürdige, gegenständliche Formationen entwickelt. Ohne irgend eine allgemeine, anekdotische Bedeutung. Aber dennoch mit einem grösseren Gefühl für die Figuration als während der Zeitgeist-Zeiten. Auch wenn «abstrakt» heute keine Behinderung mehr bedeutet.

Heute betreibe ich eine aussichtslose Malerei. Es gibt keine Positionen. Ich befinde mich nirgendwo. Es gibt nur die Malerei. Oder was immer es ist.

Namen und Anmerkungen

Abildgaard, Nicolai Abraham, 1743–1809, dänischer Maler, Vertreter des Klassizismus. War Lehrer u.a. von Philip Otto Runge und B. Thorvaldsen.
Abell, Kjeld, 1901–1961, dänischer Dramatiker.
Aleta, Frau von Prinz Eisenherz in Hal Fosters Comic.
Andersen, Troels, ★1940, dänischer Kunsthistoriker, Direktor des Silkeborg Kunstmuseum.
Aron, 1822–1869, grönländischer Maler und Grafiker aus Kangeg.
Arresee (Arresø), Binnensee im dänischen Nordseeland.
Artaud, Antonin, 1896–1948, französischer Schriftsteller. Hatte grossen Einfluss auf die Dramatiker der Avantgarde nach dem 2. Weltkrieg; schrieb Lyrik, ein Drama und v.a. Essays.
Birch, Börge, 1909–1993, wichtiger dänischer Kunsthändler in Kopenhagen und Paris. Hat u.a. Asger Jorn und die Cobra-Gruppe vertreten.
Bjerke-Petersen, Vilhelm, 1909–1957, dänischer Maler, Schüler am Bauhaus in Dessau.
Boel, Pieter, 1622–1674, flämischer Stilleben-Maler. Sein Stilleben aus der Sammlung der Gemäldegalerie der Akademie der bil-

denden Künste in Wien nutzte Kirkeby als Gegenüberstellung zu seinen eigenen Arbeiten an der Ausstellung «Über Malerei. Begegnungen mit der Geschichte. 300 Jahre Akademie der bildenden Künste in Wien», die 1992 an der Akademie gezeigt wurde.

Borum, Poul, 1934–1997, dänischer Lyriker und einflussreicher Rezensent.

Boullée, Etienne Louis, 1728–1799, französischer Architekt und Architekturtheoretiker. Seine monumentalen Kompositionen aus stereometrischen Körpern und ungegliederten Wandflächen beeinflussten den Klassizismus und verhalfen aufgeklärtem Gedankengut zum architektonischen Ausdruck (Revolutionsarchitektur).

Burroughs, William S., 1914–1997, amerikanischer Schriftsteller, Vorbild der amerikanischen Beat-Generation. Schrieb Satiren auf die moderne Gesellschaft («Naked Lunch», 1959).

Cage, John, 1912–1992, amerikanischer Komponist und Pianist. Zuerst an der Zwölftontechnik orientiert, bezog C. seit den fünfziger Jahren den Zufall ein, was letztlich zur Aufhebung der Komposition als eines individuellen Werkes führte.

Canova, Antonio, 1757–1822, italienischer Bildhauer, Hauptvertreter des italienischen Klassizismus.

Chlebnikow, Welimir Wladimirowitsch, 1885–1922, russischer Lyriker. 1912 Mitunterzeichner des futuristischen Manifests. Schrieb Prosa und experimentelle Lyrik.

Clareté, seit 1945 kommunistische Fraktion der dänischen Studentenvereinigung, mit Zeitschrift gleichen Namens.

Clouzot, Henri Georges, 1907–1977, französischer Filmregisseur. Drehte u.a. «Lohn der Angst» (1953), «Picasso» (1955).

Cobra, (Copenhagen, Brüssel, Amsterdam), niederländisch-skandinavische Künstlergruppe 1948–1951, mit u.a. Alechinsky, Appel, Constant, Corneille, Jorn.

David, Jean-Louis, 1748–1825, französischer Maler, dem Klassizismus verpflichtet. Trug mit moralischem Pathos den Anspruch des Bürgertums auf politische Rechte vor. Als Hofmaler Napoleons I. meisterhafte Porträts.

Duncan, Robert, ★1916, amerikanischer Kunsthistoriker, Korrespondent und Fotograf. Verbrachte 1957 einige Monate mit Picasso, und publizierte daraufhin 1958 die Fotoserie «The Private World of Pablo Picasso».

Eckersberg, Christoffer Wilhelm, 1783–1853, dänischer Maler. Porträts, sowie klassizistische Landschaften und Marinebilder.

Eks-Skolen, alternative Künstlervereinigung in den sechziger Jahren, mit eigener Druckerei in Kopenhagen. Stilbildend und mit vielen internationalen Kontakten, u.a. zu Beuys und Fluxus.

Elling, Tom, ★ 1946, Filmemacher, Regisseur des 1992 entstandenen Kirkeby-Filmes «Goldenes Zeitalter» (Guldalder). 1998 Film über den Dichter Peter Laugesen.

Ellitsgaard-Rasmussen, Knud, ★1923, Geologe, als Direktor des staatlichen Instituts «Grönland Geologische Untersuchungen» Kirkebys alter Chef.

Escher, Maurits Cornelis, 1898–1972, niederländischer Grafiker, spielte mit mathematisch durchdachten Gedankenbildern mit perspektivischen «Fehlern».

Espace Schuman, geschlossener Projektwettbewerb in Brüssel Anfang der neunziger Jahre. Teilnahmen neben Kirkeby u.a. Ulrich Rückriem und Aldo Rossi. Das Projekt kam nicht zur Ausführung.

Fischer, Erik, ⋆ 1920, dänischer Kunsthistoriker, von 1964 bis 1990 Leiter des Kupferstichkabinetts des Staatlichen Museums für Kunst in Kopenhagen.

Fister, Spitzname, der in dänischen Spott- und Kinderversen vorkommt.

Fram, Gemälde von Per Kirkeby, das 1982 entstanden ist. Fram war der Name des Schiffes, mit dem Fritjof Nansen 1893–96 die Arktis erforschte. Es befindet sich heute, mit anderen berühmten Schiffen, auf der norwegischen Halbinsel Bygdøj.

Freddie, Wilhelm, 1909–1995, dänischer surrealistischer Maler, Professor an der Akademie und Filmemacher. 1936 Skandal wegen «pornographischer» Darstellungen. Das Werk wurde von der Polizei beschlagnahmt.

Füssli, Johann Heinrich, in England Henry Fuseli, 1741–1825, Maler und Grafiker. Emigrierte 1764 aus der Schweiz nach London. F. schuf visionäre Bilder und Zyklen meist zu literarischen Stoffen (Dante, Shakespeare, Milton). Formal ist F. dem Klassizismus verpflichtet.

Gilot, Françoise, Picassos Lebensgefährtin zwischen 1946 und 1951.

Ginsberg, Allen, 1926–1997, amerikanischer Lyriker. Dichter der Beat-Generation, Kritiker der amerikanischen Gesellschaft.

Grundtvig-Kirche, monumentale Kirche in Kopenhagen, im Stadtteil Bispebjerg, wo Kirkeby seine Kindheit und frühe Jugend verbrachte. Die Kirche wurde zwischen 1921 und 1940 als Gemeinschaftsbau der Bevölkerung erbaut, ist vollständig aus Backsteinen gefertigt und hatte einen prägenden Einfluss auf Kirkeby.

Gruvtorget, s. Höganäs

Hammershøi, Vilhelm, 1864–1916, dänischer Maler. Sein Bild «Artemis» (1893–94) gehört zu den besten seiner Portraits und ist ein Hauptwerk der dänischen Kunst.

Hansen, Christian Frederik, 1756–1845, dänischer Baumeister. Vertreter eines strengen Klassizismus. Baute in Kopenhagen die Frauenkirche und das Rathaus (seit 1903 Gerichtsgebäude).

Hansen, Constantin, 1804–1880, dänischer Maler, Klassizist und bedeutender Vertreter dänischer Monumentalkunst.

Hansen, Gunnar Nu, 1905–1993, populärer dänischer Rundfunkkommentator, machte vor allem Sportreportagen.

Hertervig, Lars, 1830–1902, norwegischer Maler, 1852–54 Schüler von Gudes in Düsseldorf. Eigenwilliger Kolorist, einer der bedeutendsten romantischen Landschaftsmaler Norwegens. Wurde schon in jungen Jahren als «unheilbar geisteskrank» erklärt und starb völlig verarmt.

Hill, Carl Fredrik, 1849–1911, schwedischer Maler. Unter dem Einfluss von Corot und der Barbizon-Schule einer der wichtigsten Vertreter der schwedischen «Freilichtmalerei». Ab 1873 in Frankreich, ab 1878 unheilbar geisteskrank. 1880 Rückkehr nach Schweden. Seine späten Arbeiten, zumeist Zeichnungen, gehören mit denen von Ernst Josephson zu den eigentümlichsten der schwedischen Kunst.

Hoet, Jan, *1938, belgischer Kunstvermittler, künstlerischer Direktor der documenta 1993.

Höganäs, Stadt in Schweden. Dort befindet sich die Backsteinskulptur «Gruvtorget» (Marktplatz), die Kirkeby 1994 entwarf und ausführen liess.

Humlebæk, Dorf ausserhalb von Kopenhagen. Sitz des Louisiana Museum of Modern Art. Kirkeby schuf 1994 eine Backstein-Skulptur, die heute unmittelbar neben dem Bahnhofsgebäude am Bahnsteig steht.

Hunov, John Just Abildgaard, * 1936, dänischer Kunstsammler und Kunstvermittler. 1972–1976 eigene Galerie in Kopenhagen («Daner Galleriet»). Mentor der jüngeren dänischen Kunst seit Kirkeby. Besitzt eine Dose «Merde d'artiste» des italienischen Künstlers Piero Manzoni, die während einer Ausstellung ein Leck bekam. Hunov hat anschliessend das Museum auf Schadenersatz verklagt.

Jacobsen, Holger, 1876–1960, dänischer Architekt. Der «Starenkasten», die neue Bühne des Königlichen Theaters in Kopenhagen, (1929–1931) gehört, neben dem Krematorium in Bispebjerg, zu seinen wichtigsten Werken.

Jerichau, Jens Adolf, 1890–1916, dänischer Maler (Enkel des gleichnamigen Bildhauers und Kunstprofessors, 1816–1883). Unter dem Einfluss von u.a. El Greco und Tintoretto ist Jerichau einer der grossen dänischen Expressionisten.

Jordæns, Jacob, 1593–1678, flämischer Maler, u.a. von Caravaggio und Rubens beeinflusst. Derbe, volkstümliche, gross angelegte Kunst mit mythologischen und allegorischen Überhöhungen.

Jørgensen, Aksel, 1883–1957, dänischer Maler und Grafiker, Professor an der Kunstakademie 1920–1953, mit bedeutendem Einfluss. Stark sozialrealistisches Frühwerk und unter Einfluss von Munch Entwicklung eines impressionistischen Formen- und Farbausdrucks.

Jørgensen, Teit, * 1948, Photograph und Kameramann. Freund von Per Kirkeby und sein Reisebegleiter u.a. nach Südamerika. Filmphotograph bei fast allen Filmen von Kirkeby.

Jorn, Asger, 1914–1973, dänischer Maler, vorwiegend in Paris ansässig. Mitbegründer der Künstlergruppe Cobra. Vertreter des Abstrakten Expressionsimus.

Josephson, Ernst, 1851–1906, schwedischer Maler, 1879–1888 in Paris und Spanien. Beeinflusst von Rembrandt, Velasquez und Goya. Ab 1888 schizophren und von da an über 200 Gemälde und 2000 Zeichnungen. Eine Ausstellung 1909 in Berlin hatte Bedeutung für den deutschen Expressionismus.

Kerguehennec, Schloss in der Bretagne, wo heute Ausstellungen zeitgenössischer Kunst präsentiert werden.

Kerouac, Jack, 1922–1969, amerikanischer Schriftsteller. Einer der Hauptvertreter der Beat-Generation.

Knudsen, Ole, dänischer Künstler im Umfeld der Eks-Skole. Machte 1963 mit Kirkeby einen Katalog zur Sommerausstellung.

Knuth, Eigil, 1903–1997, dänischer Bildhauer, Schriftsteller und Polarforscher. Lehrer von Kirkeby, Expeditionsleiter.

Købke, Christen, 1810–1848, dänischer Maler. Mit seinen Naturstudien und Landschaftsgemälden einer der grössten Begabungen in der dänischen Kunst.

Koch, Bodil, 1903–1972, dänische Politikerin, Theologin. 1966–68 sozialdemokratische Kulturministerin.

Koch, Johan Peter, 1870–1928, dänischer Offizier und Polarforscher, durchquerte 1913 mit A. Wegener Grönland von Ost nach West.

Koch, Lauge, 1892–1964, dänischer Polarforscher und Geologe.

Köpcke, Arthur (Addi), 1926–1977, deutsch-dänischer Künstler, seit 1958 in Kopenhagen. Sein Kontakt mit der internationalen Kunstavantgarde war wichtig für viele dänische Künstler in den sechziger Jahren. 1958–1963 eigene Galerie in Kopenhagen, 1962 Fluxus-Festival in Kopenhagen.

Krems, Stadt in Österreich, (eigentlich Stein bei Krems an der Donau, in der Wachau). Kirkeby schuf 1993 eine Backsteinskulptur, deren Standpunkt sich unmittelbar hinter dem Chor der Minoritenkirche, in einem kleinen, von einer Mauer eingefassten Garten befindet.

Laugesen, Peter, ★ 1940, bedeutender dänischer Lyriker und Freund von Kirkeby. Seit 1992 Mitglied der dänischen Akademie. Zahlreiche Gedichtbände.

Ledoux, Claude Nicolas, 1736–1806, französischer Architekt und Baumeister. Baute zahlreiche klassizistische Adelspalais. Das Theater von Besançon, die Salinenstadt («Chaux») in Arc-et-Senans (unvollendet) und der Ring der Pariser Zollhäuser (ebenfalls unvollendet) gehören zur sog. Revolutionsarchitektur.

Les Salines, städtebauliche Konzeption von Ledoux im französischen Jura.

Lolland (Laaland), dänische Ostseeinsel, auf welcher sich die Hafenstadt Nakskov befindet.

Loos, Adolf, 1870–1933, österreichischer Architekt. Seine auf Sachlichkeit fussende, das Ornament ablehnende Architektur ist von kubistischen Elementen bestimmt, die Flächen werden durch Verwendung kostbarer Materialien gestaltet.

Lorrain, Claude, 1600–1682, französischer Maler und Radierer. Lebte in Rom; entwickelte eine völlig neue und selbständige Auffassung von der Landschaft als psychischem Ausdrucksträger besonders poetischer Stimmungen. Sein eigentliches Medium ist das Licht.

Lundbye, Johan Thomas, 1818–1848, dänischer Maler. Einer der bedeutendsten Vertreter der dänischen Romantik. Starb als Freiwilliger im Krieg 1848 durch eine verirrte Kugel.

Lundbye, Vagn, ★ 1933, dänischer Schriftsteller.

Lundström, Vilhelm, 1893–1950, dänischer Maler unter Einfluss von Braque, Picasso und Cézanne.

Lynge, Arqaluk, ★ 1947, grönländischer Schriftsteller und Politiker. Bedeutende grönländische Kulturpersönlichkeit, Präsident der «Inuit Circumpolar Conference», Vorsitzender des grönländischen Schriftstellerverbands.

Maugham, William Somerset, 1874–1965, englischer Schriftsteller. Lebte ab 1929 vorwiegend an der französischen Riviera. Kosmopolitisch denkender, besonders der französischen Kultur verbundener Autor, der in seinen erzählenden und dramatischen Werken gesellschaftliche Probleme kritisch, meist skeptisch-ironisch und distanziert darstellte.

Michael, Ib, ★ 1945 (eigentlich M. Rasmussen), dänischer Schriftsteller. Studierte mittelamerikanische indianische Sprachen und Kulturen. Erhielt für seine Romane, Reiseerzählungen und Gedichte mehrere Preise, u.a. 1994 den dänischen Kritikerpreis. «Das Vanillemädchen» ist auch auf Deutsch veröffentlicht worden.

Mik, s. Ib, Michael

Moltke, Harald, 1871–1960, dänischer Maler. Nahm als Zeichner an mehreren Grönland-Expeditionen teil.

Mylius-Erichsen, Ludwig, 1872–1907, dänischer Polarforscher, unternahm zwei Expeditionen nach Grönland. Nach ihm wurde die grönländische Halbinsel Mylius-Erichsen-Land benannt.

Nakskov, Stadt auf der dänischen Insel Lolland. Eine Gruppe von engagierten Bürgern lud Kirkeby ein, in Nakskov eine Skulptur zu realisieren. Diese entstand 1992 und befindet sich unmittelbar beim Bahnhof, am Rande einer Grünanlage und kann von der Strasse leicht eingesehen und betreten werden.

Nansen, Fritjof, 1861–1930, norwegischer Polarforscher, Zoologe, Autor und Diplomat. Durchquerte 1888 erstmals Grönland von Ost nach West. Nach dem 1. Weltkrieg organisierte er Heimführungen von Kriegsgefangenen aus Sowjetrussland und Hilfsaktionen für Russland. Initiierte den Nansenpass für Flüchtlinge. 1922 Friedensnobelpreis.

Nazarener, Künstlergruppe, die 1809 in Wien gegründet wurde. Ihr Anliegen war die Wiedererweckung der altdeutschen und italienischen Malerei. In ihrer Malerei mischten sich krasser Realismus und sentimentale Mystik. U.a. Overbeck, Pforr, von Cornelius, Schadow, Schnorr von Carolsfeld.

Newman, Barnett, 1905–1970, amerikanischer Maler und Bildhauer, Vertreter der Farbfeldmalerei.

Nivaa, Dorf nördlich von Kopenhagen mit der «Nivaagaards Gemäldesammlung», einer bedeutenden Privatsammlung mit Werken der italienischen und holländischen Renaissance, sowie dänischer Kunst des «goldenen Zeitalters».

Nouvel, Jean, ★ 1945, französischer, international tätiger Architekt. Entwarf für Lyon einen neuen Unterbau für die alte Oper, dessen Glaskuppel dialogisch kontrastiert zur klassizistischen Architektur.

Olson, Charles, 1910–1970, amerikanischer Dichter, war der führende Kopf der Künstlergruppe «Black Mountain Poets», mit u.a. dem Musiker John Cage, dem Maler Robert Rauschenberg und dem Lyriker Robert Duncan.

Ota, dänische Haferflockenfirma, die in den fünfziger und sechziger Jahren ihren Packungen Sammelbilder aller Art beifügte.

Poussin, Nicolas, 1594–1665, französischer Maler. Lebte vorwiegend in Rom und gelangte zu einem in Frankreich epochemachenden klassizistischen Stil. Themen aus der klassischen

Mythologie, später gewannen Landschaftsbilder an Bedeutung und die Figuren werden ihr untergeordnet. Begründer der «heroischen Landschaft».

Rasmussen, Knud, 1879–1933, dänischer Polarforscher. Überwinterte 1902–04 bei den Polareskimo. Gründete 1910 die Station Thule als Ausgangspunkt für 7 weitere Expeditionen in die Arktis.

Rasmussen, s. Michael, Ib

Rink, Hinrich Johannes, 1819–1893, dänischer Geologe und Grönlandforscher. 1853 Kolonieverwalter und 1858 Inspektor des südlichen Grönlands. 1857 gründete er eine Druckerei in Godthab (Nuuk) und gab die Monatsschrift «Atuagagdliutit» heraus.

Rönde, Palle, Kunsterzieher am Vesthimmerlands Gymnasium in Aars und und Leiter des dortigen Kunstmuseums. Betreut die dort entstandenen Backsteinskulpturen von Kirkeby.

Schmalenbach, Werner, ★ 1920, deutscher Kunsthistoriker, Spezialist zu Schwitters und Afrika.

Sergel, Johan Tobias, 1740–1814, schwedischer Bildhauer. Führender Vertreter des Klassizismus in Schweden.

Speer, Albert, 1905–1981, Architekt Hitlers.

Spitzweg, Carl, 1808–1885, deutscher Maler und Illustrator. Typischer Vertreter des Biedermeier.

Starenkasten, volkstümlicher Name für einen Anbau am königlichen Theater in Kopenhagen aus dem Jahr 1931. Der Vorschlag, das Gebäude abzureissen, hat in den letzten Jahren zu einer neuerlichen öffentlichen Kontroverse geführt.

Steinberg, Leo, ★ 1920, deutscher Kunsthistoriker in New York. Picasso-Spezialist.

Stone, Irving, 1903–1989, amerikanischer Schriftsteller, Verfasser von auf historischen Materialien aufbauenden romanhaften Biografien, z.B. über Van Gogh.

Storm Petersen, Robert, 1882–1949, dänischer Künstler und Humorist, besonders bekannt sind seine satirischen Zeichnungen.

Sutherland, Graham, 1903–1980, britischer Maler und Grafiker. Kompositionen aus pflanzlichen und mineralischen Formen, aber auch Porträts.

Thorvaldsen, Bertel, 1768–1844, dänischer Bildhauer, tätig in Rom, mit Aufträgen in ganz Europa. Bedeutendster Klassizist der skandinavischen Bildhauerkunst.

Tut, (eigentlich Aase), Frau von Addi Köpcke.

Urteil, Andreas, 1930–1963, österreichischer Bildhauer, Schüler von Wotruba. Abstrakte Figuration.

von Trier, Lars, ★ 1956, bedeutender dänischer Filmregisseur. 1996 Spezialpreis der Jury der Filmfestspiele in Cannes für den Film «Breaking the Waves», zu dem Kirkeby mit acht Panoramen beigetragen hat.

Vörsel, Niels, ★ 1953, dänischer Maler.

Warming, Eugenius, 1841–1924, dänischer Botaniker, Professor. Begründer der Pflanzenökologie.

Wegener, Alfred, 1880–1930, deutscher Geophysiker und Meteorologe. Entwickelte die Theorie der Kontinentalverschiebung (veröffentlicht 1912).

Werner, Michael, ★ 1939, Kirkebys Kunsthändler in Köln.

Zahrtmann, Kristian, 1843–1917, dänischer Maler. Leiter der «Studienschule der Künstler» (1885–1908), gegründet als Opposition zur Akademie.

*Die Lithographie für den Umschlag
wurde von Per Kirkeby eigens für dieses Buch geschaffen
und bei Walo Steiner in Densbüren,
Aargau, gedruckt.*

©
1995 by Per Kirkeby

für die deutsche Übersetzung by
Verlag Gachnang & Springer AG, Bern 1998
Die Originalausgabe des vorliegenden Textes
erschien unter dem Titel «Fisters klumme» 1995
im Borgen Verlag, Kopenhagen-Valby

Übersetzung: Johannes F. Sohlman
Lektorat: Constance Lotz
Gestaltung: Peter Sennhauser, Stämpfli AG, Bern
Gesamtherstellung: Stämpfli AG, Grafisches Unternehmen, Bern
Printed in Switzerland

ISBN 3-906127-54-0